# Contrabando
# de cinzas

Copyright do texto ©2016 José Luiz Tavares
Copyright da edição ©2016 Escrituras Editora

Todos os direitos desta edição cedidos à
**Escrituras Editora e Distribuidora de Livros Ltda.**
Rua Maestro Callia, 123 – Vila Mariana – São Paulo – SP – 04012-100
Tel.: (11) 5904-4499 / Fax: (11) 5904-4495
escrituras@escrituras.com.br
www.escrituras.com.br

**Criadores da Coleção Ponte Velha**
António Osório (Portugal) e Carlos Nejar (Brasil)

Diretor editorial **Raimundo Gadelha**
Coordenação editorial **Mariana Cardoso**
Assistente editorial **Gabriel Antonio Urquiri**
Capa, projeto gráfico e diagramação **Studio Horus**
Revisão **Paulo Teixeira**
Impressão **Arvato Bertelsmann**

Dados Internacionais de Catalogação na Publicação (CIP)
(Câmara Brasileira do Livro, SP, Brasil)

Tavares, José Luiz
  Contrabando de cinzas / José Luiz Tavares. –
São Paulo: Escrituras Editora, 2016. –
(Coleção Ponte Velha)

ISBN 978-85-7531-662-7

1. Poesia portuguesa I. Título. II. Série.

15-09392                                                          CDD-869

**Índices para catálogo sistemático:**
1. Poesia: Literatura portuguesa    869

Edição apoiada pela Direção-Geral do Livro,
dos Arquivos e das Bibliotecas/ Portugal

Impresso no Brasil
*Printed in Brazil*

**José Luiz Tavares**

# Contrabando de cinzas

[Revisitação & Súmula]

São Paulo, 2016

# Sumário

| | |
|---|---|
| Dúvida soberana | 7 |
| A deserção das musas | 16 |
| Crítica da razão poética | 28 |
| Dichten | 30 |
| Não carta a um não jovem poeta | 32 |
| Percurso do método | 34 |
| Retrato na penumbra | 36 |
| O'neilliana | 38 |
| O tempo, esse verdugo | 40 |
| Turner — variações | 43 |
| Num talho ao entardecer | 47 |
| Retrato da musa enquanto duplo | 49 |
| Epopeia | 51 |
| Et in arcadia ego | 52 |
| A verdade acerca do amor | 53 |
| Cena de cinzas | 55 |
| Eurídice suburbana | 59 |
| Vernais | 61 |
| Maio de minha filha | 63 |
| Matinais | 65 |
| Ode às estátuas | 68 |
| Nemesiana | 70 |
| Lisbon blues | 71 |
| A visão do vendedor de pipocas | 73 |
| Retrato a Clerasil | 76 |
| Terreiro do paço | 77 |
| Beco do chão salgado | 79 |
| Noturno do Rossio | 80 |
| Ultramarino | 81 |

| | |
|---|---|
| Ensaio de pintura | 82 |
| Postal do intendente | 83 |
| O rapaz de bronze | 85 |
| Lembrança de Manuel Bandeira num outono de Lisboa | 86 |
| As ciganas do parque | 88 |
| Da estrela à graça no elétrico 28 | 89 |
| Jardim constantino | 91 |
| Fermoso Tejo meu | 92 |
| Antielegia da Beira-Tejo | 94 |
| Último cabo | 96 |
| Derivas | 100 |
| Vesperal | 108 |
| Variação sobre uma nuvem | 109 |
| Paraíso apagado por um trovão | 110 |
| Bairro de sol | 131 |
| As irrevogáveis trevas | 148 |
| Cidade do mais antigo nome | 156 |
| Desarmonia | 180 |
| À memória de Hélder Gonçalves | 199 |
| Coração de lava | 200 |
| Pórtico | 208 |
| Polaroides de distintos naufrágios | 209 |
| Crematória | 223 |
| Epístola a Arménio Vieira acerca da pátria que deveras importa | 226 |
| Meditação sobre o país do basalto | 228 |
| De passarem aves (Sá de Miranda/J. Sena/A. Vieira) | 231 |
| Com Dylan Thomas no bosque queimado | 233 |
| Herbertiana | 236 |
| Mecânica poética | 238 |
| Som da última luz | 239 |
| De palma sobre a pedra do destino | 241 |
| T | 247 |
| Notas ao poema "T" | 274 |
| Obras e prêmios do autor | 277 |

**Dúvida Soberana**
*(À memória de Wislawa Szymborska)*


Não seremos puros, anuncia o poema.
Grão de areia haveremos de conter.
O zumbido das moscas, música propícia
do âmago das infinitas brumas declararemos.
Das estrelas apenas o pulsar negro
haveremos de saudar.

Grande calamidade a dor de um único
homem. Por isso odes não cantaremos
às esferas, mas as perturbações geológicas
saudaremos com grave equilíbrio,
se bem que com indisfarçável afoiteza
rodopie dentro de nós o tempo zombador.

Se forças nos faltarem para gizar os grandes
voos, um murmúrio seco será então o penhor
da nossa vontade, porquanto mais amamos
o instante em que o espírito se desmorona
que as fileiras de preciosos pensamentos
dispostos em camadas seculares.

Certamente os olhos brilharão
quando o rude chão os pés tocarem e um oh
soltarmos diante do mundo, que se revela.

Morte, definitivamente sim, mas só aos bocados,
talvez à espera do olvido impossível.

O privilégio do silêncio proclamaremos
diante das pedras cujos milênios não contaremos.
O infinito tocaremos só ao de leve, que nossos
curtos braços são precisos para dar à manivela
à celeridade triunfante.

Ressonância terá acolhimento em nosso
seio; mas não debateremos se será matéria
reciclável, pelo menos enquanto nos interrogar
a face esfolada de um único vivo.
Alta metafísica, devolver à procedência.
Contrato rescindir com o desassossego
que não seja o eco da própria vida a debater-se.

Beleza — só a lacerada, a que emerge dos escombros
que dão nome à derrota, atiça a fome do que não há,
improviso irrepetível, fagulha em extinção,
oração que não redime, mas persiste impertinente
como maleita gerada pela nossa retumbante miséria.

No entanto, generosos seremos sempre
com as barrigas inchadas, os olhos esbugalhados,
as falanges sem ardor, e por vós testemunharemos
imperturbáveis musas, sem nada que provoque riso
ou cólera.

Contudo, eternidade alguma almejaremos,
sequer a simples duração, tributos por demais
pesados para as nossas fatigadas canelas;
mas bem-vinda seja um pouco ou toda a vivaz
liberdade brotada da carne da pura imaginação,
ainda amiúde rendida à vênia conveniente.

No entanto, permiti que protestemos
contra a alegre despreocupada cor azul
à ilharga das pancadas que o escuro arreia
em nossas junturas, não sabendo nós
com que intenções, salvo que nos salta ao caminho
com um alfobre de repenicantes ruídos.

Uns soluços amealharemos, mas paisagem
de sentimentos não seremos. Um momento
de deslumbramento, e é tudo — voltaremos
à inicial mudez da pedra que fala, se interrogada
com os instrumentos convenientes.

Não recriminaremos a pressa se for o vento
golfando sobre os povoados.
Abraçar a chuva é exceção permitida, conquanto
nos deixe o hirto pescoço à flor do dilúvio assomado.

Não remiraremos nas águas lustrais o perfil
primitivo ou a felina destreza com que saltávamos
de constelação em constelação, quando com delicadas
luvas o cosmos acolhedor afagávamos e em nosso
cálido regaço o mundo nem ao de leve cedia
ao apalpar inclemente;

porém a máscara mais esfarrapada afilaremos
não para o fingimento nos entreatos em que
com esbracejante vigor alinhavávamos os grandes
temas — tempo, solidão, eternidade —, mas para
o desconsolo nosso ocultarmos e não ofendermos
a glória farejada, ou a alta omnisciência
que escarnece do nosso desabrochar impuro.

Um bom dia (de carantonha ressequida embora)
acolheremos quando inferno de pó abraça
a cintura do território; mas não usaremos coloridas
lentes de ler da pedra o movimento, porquanto
confiamos na imobilidade primordial,
e um estremecer fortuito é normal,
seja vivo ou inanimado o assediado pelo temporal.

O sol consentiremos bem repartido pelas unhas,
cabelos e pele, inda momentaneamente uma
sombria nuvem escale o topo das preocupações
sensíveis. A mudança e a metamorfose aplaudiremos,
mesmo se com elas trazem a defenestração fatal.

Motivo de profundo regozijo será para nós
o olhar desdenhoso dos circunstantes
quando arribados à soleira declararmos
"saudações, senhores, somos a peregrina poesia".

Infinitamente compreensivos seremos
com o desiludido que logo se retira grunhindo
"isto não é um poema", mas milagres não
prometeremos, pelo menos nesta estação ou safra,
porquanto nas costas corsárias, na flibusta outrora
embrenhados, até o ar expelir agora nos custa.

Mas asas e bico de rapina na imaginação teremos
e, eia avante agigantados ante a treva,
com lume nos ossos e bocejo rangente às lacustres
moradas então retornaremos (as sublimes mansões
derruídas foram pela mão do tempo), ao imo
do primeiro ovo, e seremos pão do povo, se pólvora
já não podemos, sequer a simples pedra que se atira
do cocuruto do destino aos fundilhos do infinito.

De borco, com o suor do esforço,
ergueremos já não as cidades futuras
onde o passado é longo e refulgente
e arautos trazem novas dos feitos imorredoiros,
mas um sítio apenas onde pousar a cabeça
espreitando o milagre corriqueiro.

Cemitérios de últimos sóis escolheremos para o plantio
da delicadeza, mas nossos espinhos na face e na nuca
conservaremos, e o quinhão de aspereza que nos absolve
da leve recaída no enternecimento solenemente reprovada;

mas à desmedida voz não garantiremos vigor bastante
para testar as confidências que a grandeza confia
aos fios tecidos pelo labor das graças.

Por isso mensageiros já não somos do estertor
dos tiranos nas praças do mundo,
mas refletimos logo de manhã a taxa de madrugada
lançada sobre o nascente raio de sol e a respiração
ainda toldada, sobre a viela adormecida e as estátuas
indecorosas, sobre o pesadelo disponível para ser
repartido em suaves duodécimos, sobre as ideias
insuscetíveis de gerarem desconforto, sobre o abraço que,

derrotada a trovejante vivacidade de outrora, retribuímos
com um entusiasmo de caveiras nas fileiras dos crematórios.

O vale das convicções profundas não visitaremos,
porquanto o inteiro nada vislumbramos
grudado à superfície que basta à vista
que não se afadiga na procura da essência.

Seremos obscuros, garantidamente, não por sermos
filho do segredo, mas porque, bastardos do divino,
nos movemos longe da fonte da transfiguração.

Não explicaremos, nem congeminaremos,
a não ser que uma mão se move, periclitante e fria,
e deixa um rasto não das eternas questões,
mas simplesmente das aporias que vai alinhavando,
inda reconheça o rasto espelhado da possibilidade.

O tempo que descrevermos não será imemorial
— brota do cansaço simples de estar aqui
indagando quanto tempo ainda para o escuro,
ou para que regressem as estrelas ao céu impuro
do fumo negociado em quotas aqui não questionadas,

porquanto tudo é claro ou absurdo e crer nos grandes
ideais ou sermos audazes e confiantes é coisa que não
quadra bem à nossa tímida embora farfalhante natureza.

Inquietação, certamente — pela impaciência
de aqui estarmos, ou porque um dente nos doía
à hora do futebol ou da novela (nós cá preferimos
um braço decepado ou a torre derruída pelo
temporal à hora do telejornal).

O silêncio não será prenhe de significado
porque mergulhados na repetição,
vivemos só do que a veemência legou,
qual renovada piedade, aos nossos
alforges esburacados.

Pra esquerda ou pra direita iremos no rasto
das fatalidades incorrigíveis. E se um destino acaso
nos for perguntado, os picos desabitados sugeriremos,
não que nos aborreça a porca humanidade,
mas porque dizem ser o ar aí bom pros pulmões
e a real beleza germina ao alcance da carcomida mão.

Decerto mergulharemos de rojão no mar
não das grandes tribulações, mas nas águas
que citam ou retêm o eco da última lembrança,
quando a cabeça se move para as ourelas
da claudicação e o som do vazio aponta
às pernas delgadas da inquietação
ou ao focinho robusto da convicção.

Nem por delicadeza concederemos voz ao sublime.
À musa não rogaremos a agreste fúria doutrora.
O desamparado suspirar porém nos seja consentido,
depois do braço erguido impante da confiança
que não ignora a lassidão sentada pacientemente
junto ao escoadouro de todo o ânimo, incitando
à cavalgada festiva na floresta de obscurecidos signos
movendo-se na vizinhança da extinção.

Se perto passarmos do mausoléu das obras
eternas, coxeando da metade gasta da nossa
envergadura, sem angústia aceitaremos não

sermos descendentes da revelação profunda,
do mandamento da ordem e da proporção,
mas simples filhos da época, ora arrastados
pela corrente, ou na margem voando
vacilantes ao comando duma mortal mão
assomada das fileiras de carcaças indolentes.

Ao bosque da primitiva certeza porém
vez por outra aportaremos, mesmo se o campo
minado das contradições é o nosso destinado chão
onde o desconsolo se casa com o regozijo.

O futuro não prediremos, mas predileção
alguma teremos também pelo passado.
No entanto, o eco das ruínas avivaremos
plantados sobre o cocuruto da catástrofe,
com um suprimento adequado de cristalinas
preocupações que ligamos à silente cadeia
de fatalidades que outros chamam o destino;

mas nem um grama de transcendência
concederemos ao que afirmamos
ou negamos ou simplesmente constatamos.

Não diremos bosque onde podemos dizer deserto,
onde a cor verde se estriba como nós
sobre as pernas bambas da fantasia;
mas pequenina sombra haveremos de sempre dar
aos que meditam na razão de a palavra ser imortal.

Voltar porém às profundezas
depois de a maravilha rasa havermos habitado,
desdenhando da verdade, polinizando com vivacidade

foliã o jardim da dissonância, aleitando a controvérsia
ingênua que não muda o curso do acontecimento
alheio aos nossos planos para amanhã,
não é projeto a que dedicaremos a sobra
da nossa clarividência desbaratada em estridentes pugnas.

Um último suspiro porém guardaremos para gritar
"poesia ou morte", de tal sorte que nosso retorcido
esqueleto em mil estilhas se espalhará.

Nossa eterna tristeza, nossa definitiva derrota
porém seria todo o leitor aqui chegado não declarar
"algo aqui há a acrescentar".

## A deserção das musas

**1.**

Assim te soubera, poesia:
morta espia, verão ainda
em campo inimigo;
amarrotado vulto que um destino
de escassez traçou a rota da deserção.

Por isso já nada sabes dos que nos pinhais
do olvido, por entre o clangor das chacinas,
buscam o pólen que redime;
ou desses outros que pelos areais do mundo,
por tardes griso e fumo, coloriram
com seus risos a incerteza no que há de vir.

Sei que te são razões o caído esplendor
da vida (seu acme já nenhuma arte divisa),
mas não é onde a alegria finda
e a vida é míngua que se há de erguer
o que é além de qualquer medida?

Poesia ida, se toda a arte árdua lida,
(mesmo outrora quando se dizia
trova e cantiga), embora traída,
não me esqueças neste dia
em que à voz sonego a delicadeza antiga

— o timbre agreste dos vendavais
acende em minhas veias agora
que escassos são os sinais da fúria:
refazer o mundo, suas ínvias leis,
desconsente falas plácidas; ou o bronze
em que marçanos destros
transmutam o lúcido tremor sentido.


**4.**

Sim, sabíamos que não sobreviveríamos
à proclamação da morte do deus.
O maldito acoitara-se por entre uma lanugem
sépia, analisando as carantonhas com que
próceres e adversos carpiam a recente dissolução.

No entanto, confiados nos altos poderes do verbo,
pelos arrabaldes assolados pelo pranto
entregamo-nos à lenta enumeração dos restos
que um anjo acabrunhado afagava
contra a rugosa superfície do pensamento;

pois, ao contrário do que supora o estagirita,
o baixo o reles e o vil são a matéria
primeira da arte (tu próprio não disseste
desta alpista não comerei

quando desdentadas eminências tentaram enfiar-te,
gorja abaixo, as alturas todas do parnaso?)

embora não preceda aquela — nisto reside
o paradoxo — à sua elaboração expressiva
sobre os precipícios onde reverberam
os lassos acordes das antigas liras:

reparai nesses marmóreos pulsos que ainda
se agitam presos aos invisíveis cordames
por onde ascendiam os aclamados dons,
como se um destino escafandrista
os tivesse para sempre acorrentado
às inextricáveis desinências em que o real
se nos furta.

Pudera, o que nos fora prometido
em nome de um deus perene
escorchara-se como a carne dos passados
séculos, ou desses obscurecidos impérios
recordados apenas quando, pelo modo de analogia,
queremos significar algo remoto ou improvável.

No entanto, um poder obscuro
fazia-nos ainda erguer as mãos
às marmóreas divindades
reverdecendo na sublime desolação dos claustros;

cônscios embora de que a eternidade
era um logro forjado por gente do piorio,
a quem nietzsche recomendara,
em páginas de sulfúrea lucidez,
a prisão ou o manicômio.

Fica, contudo, o desenho do que é perene
— trôpegos versos trôpegos, tão diversos
desses em que os de antanho rediziam o mundo,
e cíclopes adamastores naufrágios —
embora a trama do sarro por vezes enegreça
o aro onde o estro espiga.

## 6.

Tarde se apercebeu dos equívocos da representação.
A mimese já não era possível, depois de esboroada
a sua inabalável crença na realidade.

O que até então evidente lhe parecera,
tornou-se objeto de suspeita – as formas
já não eram formas, eram perguntas atrozes,
estilhaços duma antiga crença que agora
vinham atormentá-lo pela madrugada;

desde os fundos pântanos da certeza
no que outrora fora a natureza assomavam
criaturas fantásticas que, embora horrendas,
a estética catalogou de sublimes.

Nem deuses ou anjos fiéis vinham confortá-lo
quando, pugnaz, se entregava aos renovados desafios
que séculos de solidões e insônias não conseguiram superar.

Se a palavra já não salva, mas
tal esse guerreiro que a vigília encaneceu,
esse que com a sua espada traça antigos
cenários de cegueira e desolação,

persiste na escuta do mais ínfimo rumor,
como cumprir, então, pelas sombrias veredas,
a sina que um deus ébrio nos impôs?

Talvez pudesse começar por aí;
pelos escombros do que um dia
se chamou poesia — eco já despido
dos piérios artifícios com que, impertinente,
se alcandorava aos régios umbrais do absoluto.

## 7.

Procurou, nos labirintos da abstração,
os modos de se subtrair à viscosidade
do mundo; as incertas leis a que nenhuma
regularidade confere o carácter
de acontecimento banal.

No entanto, sabia do número astronômico
dos que se perderam pelos amenos
caminhos da literatura, presos ainda
a uma vocação demasiado terrestre
para que pudessem atingir
as solenizadas alturas da arte.

Tu, porém, que procuras no labirinto
das cidades soterradas a gazua que abre
a arca do destino, ou o calor dos antigos
corpos na evocação dos ígneos instantes,

nem a hipótese do poema ou o murmúrio
dos oráculos te dirão que a vida se alimenta

da obscuridade, desses instantes mortos
em que a voz do divino se insinua
por entre o branco intervalo das estrofes

— tudo é espelho labirinto
onde a sós com o minotauro
demandamos a incerta via.


**8.**

Ocupa-te a tarde toda a palavra
sereia. Que realidade pode desencadear
isso a que chamamos poema?, se nada
sabes do hálito inverniço que ao dia
entenebrece; ou dos caminhos por onde
a vida se cumpria em vozes
de quimera e cremação?

Embora escolares teorias te ensinem
a perseguir o rosto por detrás da máscara,
dela apenas é a voz que escutas,
pois pensares que eu existo, qual diligente
pastor guiando o cordeiro tresmalhado,
são apenas equívocos da literatura.

Religa-nos a indiferença; entre nós nada existe;
nenhum aulido trará o rumor dos meus dedos
a essas estrofes que as urgências do dia
haveriam de interromper.

Inútil é suplicar às divindades nascidas
da tua imaginação por esses seres

que adâmicas razões sentenciaram
a um destino de tentativa e queda;

pois é sina do que procura a beleza,
esse inusual modo de verdade,
afundar-se nos movediços territórios
da fábula.

**9.**

Não responde a dúvidas.
Não defende da ressaca dos domingos.
Nem nos dias agudos de canícula nos dá
boleia para a praia. No entanto, aos seus
sortilégios me entrego em humosos aposentos
com veredas para o susto.

Em certos dias, gazua para abrir cancelas.
Contudo, nos duelos do quotidiano,
frágil cota protegendo o coração
dessa emboscada, que é ainda a realidade.

Recolhido ao brusco silêncio, crês
que a poesia nos solve das nossas faltas
para com o mundo. Não te apercebes
que o tempo, ou outro deus qualquer,
nos pede contas dessas tardes em que
nos entregamos à pugna irredentora;
a que não promete despojos,
embora trace os contornos do reino a haver.

Inútil é perscrutar esses campos estendendo-se
pela negrura dos anos futuros, onde jovens

lábios predisseram um amanhã de cálidos mananciais,
pois a quem procuras soterrou a quimera suburbana,
cadafalsos abençoados a ladainhas.

Perdoa, improvável leitor, se não exibo
a altivez própria dos iluminados — é que
eu tenho um indisfarçável cagaço da morte,
e duvido este fraco esconjuro que é o poema
me defenda desse verdugo de deferentes modos.

Arauto do que há de vir,
é sempre um destino de adivinhação,
distante do cartomante ilusionismo de feira.

## 12.

Na lonjura que sabota a proporção,
juraram ter por lema a exatidão;
mas, pela semelhança, ficaram presos
ao que era já apenas simulacro,
um estilhaço que navega ao devoluto
som das encomendações.

Ah, saber (depois de pela poesia descrer
dos absolutos, embora o real se outorgasse
ainda a autoridade de modelo) que o tédio
é um dom que o outono alteia,
que há mais fervor nos calados estandartes
que nas enfáticas legendas dos antigos reis.

Canta, rouco menestrel,
não do grego as imortais façanhas,

mas a calada morte da beleza,
a catástrofe que apaga os mais justos sinais,
pois apenas onde preside a suprema infelicidade
pode a arte ainda irromper.

Entregues aos inventários dos despojos,
loquazes escrutinadores louvarão amanhã
o largo fôlego discursivo, a ostensiva
reflexividade, o uso criterioso dos mecanismos
tropológicos, desconhecendo, no entanto,
que ali apenas pulsava o que opaco
resiste ao lume abrupto da adivinhação.

**13.**

Por antiquíssimas gavetas chegavam-nos
ainda ecos da realidade; com o auxílio
dos oxidados instrumentos com que o pintor
meu amigo se defendia da voragem do sentimento.

A arte é a morada dos espetros
(assolarão ainda o futuro, como queria marx?),
dizia, quando a carranca do inverno
atroava as penedias e nas planícies
a vida resumia-se ao supérstite acumular das queixas
que os devotos da decifração virão recolher
com a precisão dos seus cirúrgicos instrumentos:

na redoma iluminada, onde um anjo nos ameaça
com a violência trôpega do destino,
serão as cantantes faíscas
os augúrios que precedem a catástrofe,

ou apenas o alucinado eco que não substitui
a sublime experiência do horror?

Não há palavras nem imagens que nos digam
o segredo do voo quando na planície escorchada
os agourentos corvos se confundem com os revérberos
com que o pintor figurou a anunciada ruína
do crepúsculo, embora as flores secas juncando
os trilhos se ergam como mnemônicas
para um futuro tempo do esquecimento.

Será isto a arte — necrófilo ofício exercitado,
sem prestidigitação, na obscuridade dos precipícios?
É na evidência da ruína que procura o fundamento
que nega todo o absoluto?

É sem qualquer promessa que chegam as aves
dos seus levantinos refúgios. Tu contas os dias
de insônia, o temor da neve apagando os trilhos.
Para onde?, é o agonizante grito que solta
o caminhante, mas entre a paisagem e o quadro
interpôs-se o insonoro deflagrar das sombras,
as vivas labaredas em que o mundo se consome.

## 15.

Com a afeição da lâmina,
que tantas vezes me acariciou a giba,
torno a esta hora em que o medo
dá corda aos roucos vaticínios.

Estilhaçado o horizonte, derruído o torno
onde cinzelavam musas com enlevo

metalúrgico, quem abana agora as ramadas
onde ferve o prodígio indecoroso?

Conflui o atrito ao terreiro circunspeto
onde a glória espreguiça, imorredoura?
Ainda assim, sei que um encordoado verso
não é uma cinta ortopédica
para o lumbago da existência —

mais facilmente a tribo do nintendo
punha-se a salmodiar homero
por sobre o cocuruto do cristo-rei.

Mas tu, ó triste poeta, preso cuco
em assimétricas assoalhadas, não sejas
apenas sábio administrador da tristeza,
escuta a grainha do tempo varejando
a espinha, pois, só o ciclópico susto
é motor da arte.

## 16.

Não ostento o desespero de quem cedo
partiu ao engano — toda a arte
é como um lanho e nenhum cautério
estava prometido de antanho.

A caridade hermenêutica, que descobre
sob motivos triviais dimensões sublimes
estabelece, porém, purgatório à entrada do poema,
pois, como podem os desmunidos de vidência
penetrar territórios tão recessos?, ou , como tu

dirias, feirante menor como ascender
aos altos shoppings do ofício?

Mas porque o futuro se nos esvai
nesse rouco uivo asmático, um adeus
tingido de destroços, debalde escoramos
o destino com uma ética do desprendimento,
ou os altos penachos da dignidade.

Tu, porém, por agredidos arrabaldes,
recitavas esse memento indecoroso,
porquanto, derruídas as poéticas e suas teológicas
prescrições — o decoro, a medida, a elevação —
o sublime deixou de ser um desígnio a palmilhar.

Sequer o amor, os fulvos campos entrado outono,
os mornos domingos com seu brilho proletário
trazem ao fingimento seu esplendor antigo,
o sagrado metro com que da poesia
direi seu umbigo ao vento
toda a tarde porejando roufenhas interrogações.

# Crítica da razão poética

Pudessem as palavras reter o que,
fenecido, dá vida à literatura;
mas, de novo, uma tempestade as alucina
— sturm und drang — revolvendo as lodosas
entranhas onde, outrora, nos casulos
tecidos pelas metáforas,
o ser se acoitara.

É quando a cinza desaba, num estertor
que a fantasia converte em música,
e as últimas aves fendem com as suas
asas a escorchada superfície do poema
que escutamos o ritmo latejante da desolação
desprendendo-se dos enegrecidos véus
do pensamento.

No entanto, na planície amodorrada, papoilas
e gencianas afincam-se como esgarçados símiles
do que ainda é sem figura, sem que das suas
raízes corroídas pelo gelo brote qualquer
promessa de redenção.

Será isto a poesia — fóssil forma
ainda contaminada pela vertigem do absoluto?,
ou insalubre eco repercutindo nas lajes
o desconsolo de saber que a morte não existe,
mas a beleza já não salva?

Por instantes, o horizonte ajusta-se à moldura
gasta do pensamento, mas nenhuma certeza
de que o mundo exista para lá dessa vaga
promessa de repouso que o outono segreda
a essas aves cujos voos já não pressagiam
nenhum destino, mas o modo como, gastas
as asas, inquieta-as ainda a nostalgia das alturas.

O que contemplam agora — vestígios que
ao viajante não assinalam a aridez dos cumes,
nem antecipam a serenidade da planície.
Na rarefação dos símbolos que um dia anunciaram
o futuro, apenas a febre ardendo nos seus olhos
consente ainda o nome de natureza.

## Dichten

Em estado de poema,
o poeta é pouco menos que aracnídeo:
de desacerto em desacerto, destece,
sopesa, escoda; de freio nos dentes
fabula o concreto de giba azimutada ao infinito,

que à arte não se chega por aflante via
— há que penar os círculos todos do inferno
sem que se vislumbrem os portões
onde o catão faz vez de leão.

Mas vós, imperfilados vates,
que noctâmbulos e ébrios
rogais proteção às decaídas musas,
vós que prezais mais o mosto dos
banquetes que o fel dos ocultos poços,

e em insonora orla aguardais
a calada revelação, quais se fôsseis
enrouquecidos áugures lendo nas cinzas
o obscuro porvir,

em vossas espúrias adivinhações
nenhum halo do divino ou reflexos
das guerreiras visões combatidas
até a alba, quando a mulher dos búzios
e o malhador eterno, soberbos,
se entregam ao ofício que redime.

### Não carta a um não jovem poeta

Ao ritmo algoz do cancioneiro
trepaste as cordas da literatura.
Depois veio um não verde
mas merencório cesário
mai-lo fernando despessoado.

O neorrealejo cantava de manhã
caminho de várzeas e usinas.
Por bastas léguas fedia a pituitária,
que tu, verde pastor de incertezas,
cautelar providência interpuseste
junto ao canoro de serviço.

Mas, antes, um camões fora de uso
(por profuso e muito luso?),
com arte maior, os tratos
e destratos do mundo te ensinara.

Aqui agora se não pastas
do ianque ou do saxão não tens safa:
é ouvir os seus hebdomadários e estultos
arautos tecendo, com a desmesura da sua

bronquidão, loas ao que tem apenas como
horizonte as domésticas vicissitudes,
mas não o confiado pavor do erro
em tinta e sangue conjurado.

No entanto, no desdém com lhes foges,
desde essa comum trincheira,
um ética da escrita ergues; inda
no desconhecimento das suas incertas leis.

**Percurso do método**
(Segundo Melo Neto)


modelo: oficina
modo: artesão
ferramentas: trampolim balestra
escopro (de afiar arestas)

ritmo: toada
(não essa que convoca a sesta
mas a que fuzil vergasta
escarpada brida que só abismo
cava em sua ida)

misturar no balde o duro e o sujo
a chispa realçar a convulsa dicção de tosse
no trampolim afinar a vocação de seta
essa que em pouco se ferra

erva também serve dessa rasteira
e perra (avessa portanto da palha)
a que nem a geada requebra
(seu dentro é mesmo capaz de pedra
quando o estio vareja a serra)

a seco
triturar na usina mais escura
onde só à lupa se divisa a pista
do suor a limalha da cor

se der pedra ou metal
até mesmo frio cristal
não é lance acidental
mas ofício descomunal
ao umbral de dias tais.

**Retrato na penumbra**
(*Cioran*)


Não entendia, à maneira dos estoicos,
o destino como unidade de todas as causas
entre si. O que obscuramente aí se escreve,
é da natureza das aves canoras,
essas que erram bosques e alcantis,
mas sabem das veredas onde brota
o fresco manancial.

Industriado nessa arte de escarnecer dos deuses
e exasperar os humanos, à cartografia
dos abismos se entregou, órfão já
da compadecida voz do divino,
que uma vertigem precoce afundou
nos palustres areais do esquecimento.

Na sublime violência da escrita
— artífice que era em seu uso flagelatório —
procurou então a estação perene
onde inverosímeis anjos viessem com ele
sentar-se à mesa posta do desespero.

Também eu, em antigas madrugadas de álcool
e insônias, procurei, num furor de neófito,
o consolo do divino, mas apenas um estertor
de queda, um brilho de asas enfarruscadas
divisei por entre as ruínas fumegantes do poema.

## O'neilliana

Sou poeta pendente. Em estado
excedente. Que o que a arte traz
ao redil da vida é sempre
mais do que suporta a realidade.

Nem santo ou pretendente (compenetrado
batedor de pívias, às vezes), se eu gritar,
quem a própria cabeça levantará ao céu
recauchutado por esse azul de dardanelos?

Sou poeta pedinte, que não chulo
da inspiração: rezas mezinhas, nunca
as tive, fossem p'ra que dores fossem:
apenas versos desbotados, que é tesouro
de poeta rasca; rupestre inutensílio
com que escavaca a realidade.

Se com muita empáfia nos ensinam lentes
que a arte é coisa morta, do que se empanturram
é, afinal, refeição defunta; inda finjam
borboletar de eternidades nos ocos falatórios
com que nos masturbam as meninges.

Coitarados, nem se apercebem
na sua beatice catequista
que a poesia os manda à merda.

## O tempo, esse verdugo
*(Variação sobre um tema borgesiano)*

**1.**

Ensinou-nos sócrates, o ironista,
os malefícios da verdade. Como nos
ensina a dor a espada do viking,
o machado sumério, ou o arado de caim.

A álgebra do sono, a penumbra das faias,
a rosa dos confins: curiosos dons
absolvendo-nos da inacessível trama
que a noite elementar urde em nossos
cansados ossos — páginas sombrias
como as que lavrou esse grego obscuro
diante do mutável rio que é o tempo.

As vastas batalhas e as venturosas naves.
O sombrio cristal e a ignorada estrela.
Cartago e eneias. O alto pirinéu que não
detеve aníbal. O rotundo hexâmetro
magnificando ulisses: tudo nos cerca,
tudo nos deserta. Nada podem

as pretéritas façanhas contra esse verdugo
que já arriba, assinalando na lousa
o rasurado nome do cartaginês.


### 3.

Em flamas potris trovejam;
cego o dia pela seta do ocaso.

Passaram o rio-tempo, mas não viram
de aquiles os iracundos modos,
nem de helena a luminosa face,
porquanto não foi troia
senão um sonho de homero,

embora pelo plaino calcinado ainda
se escute o ágil tilintar dos escudos,
a crepitante minúcia do aço
ao clarim dos manhãs frias.

Sandálias no cômoro são, porém, férreo enigma:
a quem na fuga atraiçoaram o passo
e o mais que se adivinha na paisagem
onde uma flora de esburgados crânios
sinaliza o lugar da queda?

Há que supor pleno outono,
tochas, nevoeiro, estandartes,
um rio correndo sem empenho para oeste,
o aedo desafiando o silêncio das cimitarras,
um escriba anotando os factos
com funâmbula gravidade.

Alguém menos lírico teria dito:
eis o tempo, mãe da glória
e do olvido.


## 4.

*(imitado de Camões e Carlos de Oliveira)*

Que me quereis perpétuas desditas,
com que fundas ainda me feris?
O tempo a tudo rói: férreas torres, subtis
lambris; vãos poderes, fortunas infinitas.

Não lamento, no entanto, o estio que passa,
grata lembrança de praias, folia,
transmutando-se agora em atra melancolia.
Bebo, porém, dessa amarga taça,

vil cantor de pouca arte, ave que pia
à luz do norte. Como gume na lembrança,
nada se perde, tudo se consome

— osso, tutano, carne excelsa,
a pernalta que passa envolta em fumaça,
mas que o tempo muda em puro nome.

**Turner — variações**

1.

Já no horizonte, inquieto, corusca
um lugre, atris velas nascem
da ínfima tinta, solertes testemunhos
deste novo fiat lux.

Neste teatro de águas, a pura verdade
não a conhece nem platão, o cavernoso,
mas o horizonte é evidente como teus
apetecidos seios quando, relavada,
a manhã germina em guizo.

O pregão do vento sobre as águas,
ou nas poças que a maré coalhou,
plenos raios promete à pele,

mas a ti que inquieta mão
te lavrou a fronte, poldro de febre
rinchando onde nenhum milagre
te ascende às ventas?

Nada é mundo antes que um rosto
o habite, mesmo que pobre sexta-feira
a grafite redesenhado do avesso lado
onde as celestes álgebras são
decerto motivo deste humano acordar
ante o poço mais impuro.

Mas são cimos de muito errar
essa lucidez quase mineral,
esse cair sem peso nem volume
como sim em boca de menina.

**2.**

Imagino que de turner a mão;
luz nascente; coada; avesso
da enchente.

Azul ainda; já não do céu-anil;
nem dos teus olhos-ilha;
sublime eco porém desse que
em creta viste; sem augustos minotauros
que apenas a saloíce turística ainda engole.

A luz aqui não esse chicote
que vergasta as ilhas (as minhas
e as da grécia) mas, como essa,
também clara e concisa linha;

oposta da que em grosso se derrama
sobre os lombos dos bois-jumentos.
Seu dentro tem, porém, mil dedos de metal

com que apalpa, em sábia intimidade,
o horizonte onde um sol de ócio
aparelha seus cristais.

Como se de turner, abre trilhos
a mão sapiente. A alma limpa,
vai em resguardos de cato:
perto do que é terreno
fere mais leve o abandono.

**4.**

Como se por glaucas mortas águas,
tão em fumo exaurido,
retorna este outono de langores.

E é soco o tombar da chuva
na paisagem azul de antes,
anfíbio reino de seres crocitantes.

A melodia que fabricam
é esse céu inconsútil e ermo,
duplo dessoutro onde nuvens são

naves à brisa cariada
que desde dover faz das águas
tocas mineiras a grafite relavadas.

Mas outono é esse silêncio a pino,
essa languidez se embainhando
com vagares nascituros —

não usa arte que contunde,
mas algodoadas navalhas
mais inimigas que espingardas cangaceiras.


**5.**

Névoa; tensa matéria, porém;
agudamente se fechando como
pinças minerais sobre torres gráficas
e o silêncio que as habita.

Seu bafo, tão pouco o mole
que há no cuspo, mas bala
quase acesa; que apenas em drageias
mínimas pode a vista suportar.

Desde esponjosas câmaras
mil presságios anuncia,
faz-se sombra e poterna
(ou coisa ainda mais severa).

Segurá-la no limiar do vago,
na rudeza limpa que a faz exata?,
ou, por dentro, soletrar-lhe os nervos,
lâmina de tão tensa?

Minha oficina é de triste operário
moendo grossas moendas,
sem o alinhavo das torres mineiras,
nem o halo desse lúcido entardecer boreal.

**Num talho ao entardecer**
*Para o Almeida Faria*

o homem do talho talhou-me a tarde
— osso inciso na embocadura do frio —
com seu olho-lâmina diferindo o escuro

se seu nome me dissera
só do olho agora me recordo
mai-la chispa que expelia

o homem do talho talhou-me o olho
para que do avesso mirasse só o osso
mas enxundioso e lírico pus a carne mais o molho

pois antilira não sou nem uso
romba lâmina instrumento por certo
percuciente (mesmo se ferrugento canivete)

o homem do talho pôs-me o chispe
mas eu queria outras mais altas manjaduras
alma olvido talvez loucura

o homem do talho pôs-me escuro
o homem do talho pôs-me impuro
rimando azia com poesia

talvez o ungulassem o pernambucano austero
marianne moore e aparentados inimigos do verso-
-bálsamo poetas do rude sem cautério

mas a mim o homem do talho fez-me ciúme
com seu cante todo lume sem perfume
que embota o gume — enrouquecido aedo

ficou-me apenas a turva alacridade das cinzas
porquanto esboroadas as tetas da inspiração
silêncio é toda a arte que sobrou

**Retrato da musa enquanto duplo**

Esta musa minha não se dá em confissão:
deuses obscuros ali colocaram édito — silêncio.
Já mal suporta o ranger dos ferros
quando tarde desentranho um verso.

De todas quantas já tive, esta é a mais sibilina:
mesmo recurvada ao griso, oiço-a por entre
a poalha azulínea que precede o amanhecer.

Às vezes, faz-se esquiva, pede silêncio
ou dormita calculando o produto interno bruto.
Outras, põe um ar galhofeiro ou faz cafuné
qual se ameigasse algum verso mais bravio.

Observemo-la nessa liturgia antiga, enquanto,
pelo dom da infalibilidade, ergue um império
de frases obscuras — os olhos doentes movem-se
num precoce sentimento de tédio;

a voz entaramelada pelos miasmas
que afloram à rugosa superfície do discurso,
um pregão que nos chamava para um confim
onde a quimera nos perdia —

como justificar a sacralidade da obra
depois do crime que é a sua fabricação?
Restar-nos-á apenas a contrafação
do sentimento em fantasma que se consome
ante o imponente rugido da realidade?

Compreende-se agora o funéreo destino das odes,
acabrunhado fóssil que a inclemente aritmética
do futuro não consente mais que um fumegante
estertor, incurável eco que a guilhotina
do outono atira à acrílica mansidão do ocaso.

**Epopeia**

eu já li a camoníada toda
(regada com muito chá de camomila)
não estou mais culto
nem menos bruto
só o mundo ficou mais curto
(acreditem isto não é um tropo)

## Et in arcadia ego

Lápides e torres. P'lo fumo
coalescendo em tua garganta
ou p'lo murmúrio do papagaio
afinando seu repertório de injúrias,
sabes que é manhã.

Luz concebida para a morte.
Como esse azul que a distância esboroa.
Jamais o céu negríssimo pulsando
na gasta moldura da janela.

Tu, bípede que magnificaste esse vítreo
antiquíssimo esplendor, como anunciar
agora pelos desdoirados cimos
a insonora implosão das arcádias?

Recomeça onde o ar lastrado
dizer-te não possa desse dia em que,
esmaecido, o desejo ainda canta:

sem coercivo modelo
a vigiar o horizonte da representação,
todo o defeito é arte.

**A verdade acerca do amor**

*O tell me the truth about love*
    W. H. Auden


Sabes de ofício ainda mais fluorescente,
anterior ao pregão latibular,
sensível apenas ao tropel angélico
e às juras diligentes, pequeno império
de lágrimas a ressumar por entre o tédio
duma descendência exangue?

Os aqui chegados sabem que o coração,
já desassistido dos ardentes propósitos,
apenas esse reduto onde o susto
afia as mocas, exaurido o brilho
com que outrora se entregava
às silentes emboscadas.

Mas não desvies o olhar dessa íngrime
vereda — o paraíso tem também dias escuros,
os póstumos aromas que para ti
agora são adivinha, pois neles não detetas
nem a lâmina do rancor ou o cinzel da falsidade.

Se o passado, porém, te grita à ilharga
"que belo o nosso amor de ontem",
afasta-o, sem ruído, da tua porta —
nas dobras do que chamamos o sentimento
germinam os furtivos caminhos da desolação.

**Cena de cinzas**

**1.**

De entre os nomes que se dão
ao amor, prefiro o do engano
— abeira-se com suas ridentes tenazes
quando já não nos ilude nem certeza
que pusemos um dia nos obscuros
vaticínios dos oráculos.

Tem destas coisas o amor;
quando debaixo do fulgor das copas,
ou por recessos que o estio amorna,
nos entregamos à ventura de estar sós.

Sombra crescendo no redil do coração,
ou simples asa que na viagem se faz
seta, quem por mais alto lhe não bebeu
o fel nas bátegas do adeus, ou
o límpido lume no jorro da anunciação?

Tu, pregoeiro da fortuna, diz-me
se mais perto do seu imo
o que em tinta o cantou,
ou esse que na carne o padeceu.

**6.**

Não falaram do sentimento de orfandade
que experimentam os corpos depois do amor.
Numa curva da tarde — a curva da tarde
é sempre um bom sítio para se discorrer
sobre assuntos metafísicos —
quando esfíngicos retornam os rebanhos
e astronómica a medida da tristeza,
disputaram os inumeráveis matizes da paixão.

Há um tumulto que avança à chuva
que naufraga pelos cimos já sem luz.
O garrote noturno cerca-os num combate
sem armistício. De repente somos eu e tu
à luz convalescente de um póstumo estio.

Que nunca conheças o amor com seus gumes
malquerentes, seus palustres desenlaces
distantes dos hipostasiados finais
em que não reinam remorso ou culpa,
ou a faca de um passado oxidado pelo pranto.

Oh, como o sabemos, nós que na mais
transbordante estação, por campings litorais,
à guilhotina dos abraços nos entregamos,
à esquina lacerada do sol-posto, onde raiam
soluçantes lamparinas, cutelos do agreste adeus.

Eu queria apenas essas horas de bruma
em que no pousio cinzento cessava
o maligno rumor da intempérie
e a voz do semeador naufragava
por valados onde dançaste a bailia
ao desamparo dos primeiros frios.

**9.**

De ombro contra a tormenta, aguardavas-me
nesse escuro fim de outubro. Árvores assim
corriam o dia no rasto indeciso dos elétricos.

Tu não tinhas a quem contar
que a morte tinha a cor destes olhos.
O mundo vê-te partir. Veem-nos partir
os pombos ao calor negociado
num lancil da avenida.

Agora que a tenaz do escuro é essa
ternura endurecida, esse perfume malsão
fissurando o coração, oiço o tributo
das vozes em extinção, lá onde ícaro
perdeu as asas e era primavera

— assim no-la descreveu brueghel,
o velho. E no-la recordou william carlos
no seu poema;

pois a felicidade é apenas
um ígneo impetuoso florescer,
depois lutuosos verões,
gélidas primaveras,

tributo à ventura passageira
que um dia nos concederam deuses,
e que vós, ó futuras anunciadoras
do declínio, magnificastes
numa das vossas litanias;

ignorando, porém, que tudo às cinzas
torna; infinitamente como a potril
lábil onda raiando a orla do início.


**11.**

Pelas arcadas de setembro
tremia o outono em tua face.
Sob outros céus, curvavam-se
tanto os meus joelhos
ao duro vento do adeus.

Donde nascia o rumor dos precipícios,
o azul fatigado sobre as colinas,
já não sei que memórias,
já não sei que ardor nos acordam
para a repentina incerteza do amor.

Vi-te partir por essas fráguas
de incêndio, cinzas e limos levavas
nos cabelos, os mesmos ombros
ao sussurro levantino da manhã.
É como se numa outra vida te tivesse
olhado, sabendo já que a felicidade
repousa sobre esse negro pez
que segregam os corações
em estado de paixão.

Setembro é uma flor tombada
onde a despedida reprendia as nossas
mãos, tão longe do olhar do cego
ensaiando novas litanias
para o incerto dia de amanhã.

**Eurídice suburbana**

insciente vai eurídice não
pra fonte a um frio de tundra
vai de goma e levedura
mais que riso forte pena
tolhe passo e singradura

que saibam deuses da dor prístina
é pra eles pouco menos que entretém
carregá-la o homem por mor
da sina é que é mister infindo

tão potril a vejo indo
qual se fora a pura forma
inda tão de carne desejosa
que aceso lume
é certo olhar já deletério

vai insciente ao lusco fusco
cor de trigo a vígil fronte
ou apenas oiro fidelíssimo
manado da lira de orfeu

oh que maneira de luz
mel dos anos moços
inda em fumo já tornada
aos recôncavos onde tudo
é tão da cor do olvido

**Vernais**

### 7.

E foi então que perguntaste:
quando finda o inverno
e é outro o medo que nos tolhe
por que churdos enredos vagueia
o colosso a que chamamos alma?

Afundados em musgo e fumo
nós por maio esperávamos,
ao cimo de certa rua
raras cartas nos chegavam
com as insígnias do futuro.

Eu sei que bárbaros éramos,
predestinados ao devaste e à conjura,
mas dezembro é para todos
essa navalha que sussura
por entre névoas e pinheiros.

Eu, há muito que outro reino
não hei, condenado ao tropel

dos que o centro comercial demandam
em cinzentos bandos domingueiros.

Perdoai-lhes, senhor, que este é o tempo
em que humanos se fingem — hão de agradecer
os pedintes as gordas esmolas reluzentes,
curto agasalho para tão alto desamparo.

Eu, tão de longe, amo a esses que jazem
sob séculos de areia e lava —
era pelo fim dos dias, e pela tarde ia
ver navios, para rogos e açoites depois voltava,
confiado em duas ou três rezas

que hoje misturo a estes pobres sinais
que me ajudam a não confundir
a palavra deus com o rumor flibusteiro
desde febris bairros acordando-nos
para a suja forca do dia.

## Maio de minha filha

Tem o maio godos e larícios,
vinhedos que findam onde findam
as verbenas, horizontes de penugem
estreme colhidos numa geórgica
de virgílio.

O pulsar assombroso dos vergéis
rima com esse anfractuoso brilho,
severo fulgor de terra cálida,
sonhada música que, por perfeita,
inexiste.

Oh, prodigioso lance — salto mortal,
noite escura de verão — é alvitrar
que de tudo isso ficará
apenas um breve eco de ressaca,

porquanto vernais deuses já conspiram
nos bosques onde a cor azul
concorda com o estertor
da última vaga.

Mas leve te seja maio, ó minha filha,
como espumas num confim de ilhas,
donde sou irrepetível arroto
— em exata linguagem biológica
seria antes um zigoto.

**Matinais**

**1.**

Havia de ser cedo que me chamasses
para as primeiras lides: um côscoro
de sol verrumando o cenho,
tinta, espoleta, combustão.

Nada duvida o seu lugar
na alheação que devém candura.
Se o recato a algo recuou da vista,
ajusta-se o foco a nova altura, terna
urdidura que lucila em figura.

Mas, sabemo-lo, tudo será mistério,
embora a usura um lêvedo
que lanceta o âmago, ou só palpação
que compunge o íntimo.

Sol e só. Cicatrizes atestando a luta.
Atrito implícito na limalha que oculta
o brilho. Ou só escória do que, adusto,
se desvaneceu na queda.

Estua? Ou, ínvio, se afunda langue?
Havia de ser cedo, quando a tempestade
uiva ao fio da seta e a evidência
mais potril contunde o que, por pedestre,
se subtrai à imprevista queda.


**6.**

Hábil escorchada mão desenhando
sobre a mesa de mármore esse rosto
consagrado à eternidade. Caía tão sobre
nós a coroa de cristo e o semblante
da virgem. Pão com chouriço, pediste,
e o eco moveu a solidão dos que estavam
assentados em redor das pipas.

Os grandes pavões reais já rodopiam
nos jardins defronte; aptos a defender
quanto da terra é sua morada.
Tu levas contigo o que sobrou da desolação,
apostado em construir um futuro de solidão;
inda sobre as areias da noite,
ou sobre os mutáveis rios que vão.

Sobre a terra da manhã cresces
para a morte, porque nesse adro antigo
despediste-te da inocência; mas eu fiquei
na leitaria real sob o sereno semblante
da virgem, escutando a conjura dos astros
que vão a repousar no ventre dessas águas
mortas que o vento agitou numa antiga
primavera de noras.

E se ainda recordo os seus voos, ásperos,
salinos, é porque cada dobre iracunda
adivinhação; embora o pobre cristo
destas margens não saiba que durmo;
que nos brancos umbrais a luz é já motim.


**8.**
*(sobre uma fotografia de David Lachapelle)*

Nu com o céu por cima.
Em campo de atónita verdura,
é redoma o ar à volta;
abrindo-se à antiguidade
em que verde e céu se contaminam.

Adusta a certeza de ter havido
em este campo o crespo grito
das mondadeiras ao ritmo cadenciado
do ofício. Embora a lâmina do sossego
desenhe estrias na verdosa placidez
do páramo.

Acústica solidão mana dos lábios
entreabertos. Embaciando a transparente
campânula duma aurática tristeza;

de antes de haver sombra
com seu pincel de cinzas;
trazendo à vigília todo o peso
do enigma.

## Ode às estátuas

Sonhei-as, e ao seu orgulho de impassíveis
veneradoras, nos limites de um país cercado
pelo musgo; cumprindo a sina sem o mais
leve alvoroço; segurando o arpão todo
o ano como esses baleeiros de barba hirsuta
que vi num museu de reiquejavique.
(Embora o tempo de estar junto deles
me tivesse custado cinco dólares sem regateio).

Idênticas em cada estação, não possuem
memória nem do êxtase ou da dor, embora
das suas mãos ralassas tombem fósseis perguntas
que não poucos versos me proporcionaram.

Devotados símbolos de um passado enclausurado
em compêndios, ou representação de mitológicos
feitos, padecem o látego da chuva no inverno,
o brilho dos néons todo o ano, em abertas praças
onde façanhudos manifestantes reclamam
em áspera rima um santuário para lá do arco-íris.

Sabem dos putos que aí gazetam,
instruídos na arte de ser feliz;

distantes do rancor do que se perdeu
em nome da pátria e, na presente hora,
nenhum louvor a consolá-lo,
nem nome em memorioso obelisco.

Num tempo distante, tributos lhes eram devidos;
inda entrançada coroa de hera, ou um braço
soerguido à altura dos musgosos seios.

Como uma memória bem amada,
evoquei-as em numerosos postais,
desses que me entretenho a enviar
a desconhecidos confidentes que o acaso
juntou sob um mesmo céu.

Não é tanto a beleza ou a estranheza
o que nelas me atrai, mas o que simbolizaram
um dia quando delicadas mãos retiraram
os véus que as cobriam. Que fiquem
ao abrigo dos insolentes grafitis
florescendo ao anoitecer das grandes urbes.

## Nemesiana

Entrei a tarde como um zéfiro,
lépido de asas e de volteio,
por entre furnas e batéis e claros
cirros encimando os combros.

Vinha das arribas do mundo,
e a litania que entoava
era um upa upa de cavalos
que já potros foram
ao verde vento da campina.

Ó alverca e ribatejo, e essa
bezerra tão neerlandesa, moinhos
houvessem e canais e muitas pontes,
era holandesa essa estampilha
que trouxe do balcão da albergaria.

Mas parou o trem no descampado,
à míngua de fuel e de aguilhão;
às janelas assoma suada gente
perscrutando pulsos e horizontes.
Já para lisboa voam telexes
e eu sonhando que era a flandres
essa planura e dos de ostende
me despedia.

**Lisbon blues**


Apesar da ignorância da rota desses navios
que descem o tejo, da mulher que nos subúrbios
os vê passar tão rente à sua mágoa,
da moça tímida espiando o mundo
da janela que em breve o escuro virá selar,

ficam bem os sinos esvoaçando sobre a tarde
de inverno em que buscas a justa palavra
e não vê deus a tua aflição: o que cala,
o que finge, o que mente — agreste destino
que te cabe, tingido pelo clarão da dúvida.

Mas ficam bem, ficam bem as meretrizes
de rápido volteio, as matronas alvoroçando-se
para o chá, o aplicado médio funcionário
calculando o produto interno bruto, o amoroso
pagando diária corveia de soluços, os altos
dignitários recebendo honras e tributos.

Sobretudo fica bem a mulher gorda espremendo-se
num ginásio desfeita em suor e penitência.
Mas também ficam bem o contrafator vigiado

pela lei, o usurário de sebo nos fundilhos,
o proxeneta de olhar felino e os desabrigados
desta rua (embora sobre eles caia o duro
gume do inverno, deles é o reino dos céus).

Ficam bem os poetas pobres que padecem
todo dia a fome da beleza, os críticos
impotentes ficam muito bem, os pretos desta praça
que são alegres e passam bem, o cívico
que ganha o dia de olho no parquímetro
fica bem apesar dos amáveis impropérios.

Ficam ainda bem os canídeos que defecam
nos passeios e as madames que os trazem
pelas trelas sempre prontas a pregar civilidades
a esses que falam alto e têm modos estrangeiros.
Mas que fiquem bem as raparigas de cabeças ocas
que têm como único tesouro a juventude
para que não seja a lamentação
o tributo dos vindouros dias.

Só eu não fico bem, senhor meu,
que aguardo toda a tarde pelo poema
que não vem, embora navios subam
o tejo aulindo através do nevoeiro.
Mas tudo está bem quando é o deus
quem assim o quer.

## A visão do vendedor de pipocas

Pela película de névoa
(fino frame
de um já exaurido filme)
dolente sol
pedestre se insinua

comboios e elétricos
passando
perpendicularmente
por entre o estalar das pipocas

são a movente canção
concedida moratória
às marés de mágoas
que aprendemos a repartir
pelos *desvãos da desilusão*

é deste modo
que a eternidade
desce subitamente
às vidas desvalidas
quando rumorosa

a cidade emudece
(é raro mas por vezes
acontece)

ou humedece
ao murmúrio da garoa
esse hausto que falece
às várzeas varridas
numa encenação espúria
do destino

são endurecidas fábulas
avançando num anúncio precoce
desde o reduto ou jeira
onde a lassidão
é o crédito mais legível
de toda a vivacidade ou ímpeto
seu tomo de grandes alaridos

agora deserdada minguante voz
flagrando a humanidade
daqueles dois
se abraçando

à porta da hospedaria
à ilharga do vitupério
que é a seara que assinala
a extensão de todo o infortúnio

por vezes sonhas dias assim
luzes simulacros explosões
o real já só sombra de ilusões
como o abraço daqueles dois

habitado por um fulgor
que verso algum te faria supor

mas não há menos nobreza
na mentira que inventas
(só um pouco da banida
misteriosa beleza
que o mundo já não suporta
misturada à tristeza
que não carece de outro ímpeto
para doer nos olhos)

porquanto o poema
é tinta que apaga
aquele clamor a passadas derrotas
que tu bem conheces

como o som dos comboios
e elétricos passando
no instante em que o rebentar
recrudescido das pipocas
ilude as mudas interrogações
que o rosto rendido do vendedor
guarda como um solerte arrepio de vida

## Retrato a Clerasil

Ao rapaz que dorme,
vi os futuros magoados olhos,
abismos onde se enristam
as defenestradas ilusões.

Tinha um sorriso de rapace malevolência,
falcoeiros punhos adestrados na incivil
arte de esmagar costelas.

Como um clamor de pugnas raiando
os ermos, arrebitavam-no trôpegas
exortações ingurgitadas nos subúrbios
assolados pelo tédio.

Uma cicatriz — que maior troféu
para um matador de arrabalde? —
alçava a impertinência aos solenizados
limites da bravura que o mais insincero
vate rastreava o incerto levedar.

Para além da linha do escuro,
onde a alcateia das imóveis estrelas
poupa-nos ao duro lance da adivinhação,
pobre rapaz enristando o sexo
ao clangor de moedas e de luzes.

## Terreiro do paço

Esta praça abre-se ao rio.
Involuntário turista (com sotaque
e nenhum vintém), ao sol me abro
nos dias altos de tristeza.

As ariscas fachadas são o limite
para o meu diáfano voo quando a fundo
o além me inquieta — hipóstase
dessa demorada atenção concedida
aos seres mínimos, terrenos?

Não é em seu louvor que me embrenho
pelos alvéolos que o estio jugula
– aquém do paredão, onde o flato
dos automóveis a atmosfera enubla,
o sonegado rosto vigio em surdina.

Tombasse aqui agora um rei,
ou um capitão avançasse de petardo
na algibeira, a minha indiferença
seria igual à do cimento
onde o rio afaga as barbas.

A vida, mano, não ta ensinam os pombos
caudatários tornando a este redil dúbio.
Eu apuro o amarfanhado sotaque
para o público louvor evocativo,
mas uma madame levou-me a língua
anelada ao seu boteriano cu redondo.

**Beco do chão salgado**


Aqui pereceram os távoras
— razões de cobiça e poder.
Beco do chão salgado é o nome
do lugar. E nem supõe o azul céu
de setembro que já fora campo
de fogo e de mortos.

Ante um fundo de turistas,
saem noivos do mosteiro onde jaz
camões faminto e laureado.
Palmas de misericórdia por quem traz
nos dedos anéis, algemas, guilhotinas
— eram muito novos, por deus,
quando se precipitaram
na cinzenta rota do naufrágio.

De longe os vejo, vejo-os e comovo-me
sobre esse chão de folhas húmidas,
cada eco relembrando essa tarde
em que à praça do império velas brancas
crinas negras são toda a eternidade
que os céus consentem.

## Noturno do Rossio

Deste-me telegráficas razões
para o desamor. O noturno arco-íris
outra vez presa do teu riso —
por muito menos abandonei filhos
e mulher, e automóvel
à saída do emprego.

Rossio à noite tem ciosos habitantes,
pretos das áfricas de sorriso na algibeira,
eu diria que gente (embora a saldo
pra qualquer leve inconveniente)
que naves já não negreiras desembarcam
por sob um céu que públicos contendores
disputaram o matiz —

eu diria que fúcsia, por vezes sépia,
como nesse fundo de caravaggio
em que pretos de ginga e volteio
aguardam o vago sebastião
apreçando a jorna em indecifrável algaravia.

## Ultramarino

É tão cedo que a tristeza me visita.
Por bastilhas despovoadas de ternura,
cumpri os anos que sobram para a náusea.

Suando razões, canoros juízes de apito
e cartolina declararam-me insolvente
e refratário nas palustres esquinas
da metrópole.

Debaixo das suas pontes tenho aguardado
foral que me faça baronete deste leve
inferno, com poderes sobre as almas
à distância de um cuspo.

Ficarei de ouvido à anunciação,
nesse côncavo onde o frio é um arpão
amável e senta o frio, à roda de haver ganza,
garinas fodilhonas com queda para a passa.

## Ensaio de pintura

Embora canaletto não seja,
nem tu sereníssima veneza,
em cores anfíbias te repinto
por sobre esconso cavalete,
que não verde estátua equestre,
dessas que dão guarida
a pombos e vária fauna.

Já sobre uma duna és holanda,
a de espinoza e sinagogas,
a que o mar increpa e louva,
e onde não é morta a água,
mas de amstel a céus de utreque
move lembranças e usinas.

O negro te é intestino
nos mil poros em que te abres
quando um céu hialino
soergue toldos e estores.

Bem recortada, um mondrian serias,
mas a alma tens em siguiriyas
e a medida do que apenas cabe
em maludianas íntimas janelas
donde se espreita tua multímoda natureza.

**Postal do intendente**

Isto aqui é o paraíso —
fazer uma mija contra a sebe,
sem que a bófia nos interpele,
embora o frio nos morda a pele
e mil dele eu te deva.

Alguém chamaria a isto vida.
Diógenes teria encontrado aqui
o seu homem. Goethe o protótipo.
Ovídio não lamentaria o seu exílio
— alta estima tenho por ele
embora não perceba o latinório.

Amigos na folia, vejo cão
e perdigão. Mas uns bacanos
armados em al capone
semeiam deliciosa confusão.
Quando todos aguardavam o encore
abalaram de roldão.

Na contramão, cismando, ainda
lhes perguntei se de onde vinham
a manhã se bordava a fogo,
mas apenas a pólvora dos impropérios
e um arroto de aguardente velha deixaram
por essa pretérita manhã do burgo.

## O rapaz de bronze

Levantava a vista, cingida ao distante
verde dos morros. Como se a tarde fora
um oscuro dizer, alteada chama,
clamoroso precipício.

Eu escutava-lhe a sumida cor dos olhos,
o falso mover dos quadris,
a fosca litania de cego. Tinha poucos
anos, o rapaz de bronze. A pátria,
essa tão doce ferida, arde-lhe
no vazado cobre dos lábios, e, no lugar
que fora o coração, a pressa silvestre
de um verde quase lume.

Decifrar, dizes tu, apontando a intacta
caganita dos pombos. Decifrar
os múrmuros sinais, os ímpios castelos,
a pressa do outono, relâmpagos de ternura.

Eu chorei pela cegueira dos oráculos,
pelos ombros do rapaz tão docemente
inclinados ao minguante alvoroço das asas.

## Lembrança de Manuel Bandeira num outono de Lisboa

"Meus pedestres semelhantes",
escreveste; mas eu, baleeiro da fome
sob a unção do frio,
tão aéreo cicerone me fizeram
estes claros dias de outubro.

Um tostão de azul (coisa pouca,
apenas p'ra com sul rimar )
nos tetos frios do outono
ao mais triste de mim
leva a trêmula consolação da cor.

Nos pátios caligráficos, ruivos amores
reinvento (hermeneuta sou dos segredos
que soterra o tempo) e virentes acenos
à pura noiva imaginada.

Real, porém, a mulher longeva
vendendo hortaliças
na viela fagulhante de turistas.
(Eu também já estive pelas suíças,
mas a apanhar morangos e castiças).

E vendo assim Lisboa (so beautiful)
assalta-me a lembrança de um outro azul
— sob suas fímbrias plantei
renques de acácias e tabuletas alusivas;

sob seus desdoirados ramos
desamores lamentei,
que não sou amigo do rei,
nem cheganças com deuses hei.

Mas se é de sua lei
que, embora triste, seja altivo amigo
da grei, tal sina não maldigo;
talvez mesmo comigo diga:
grato estou a estes claros dias
em que das lágrimas fiz maravilhas.

## As ciganas do parque

Palpam destinos
à esquina do sol.

Recordam-nas neste parque
dois tamancos, nenhum brasão.

**Da estrela à graça no elétrico 28**

Pelo findar do inverno ia eu nesse elétrico,
por entre o marulho dos freios suaves turistas,
peregrino pedalando o diurno rosto da cidade,
não vi molero nem ofelinha — só o mulherio
esvoaçante da estrela ao bairro alto,
passos e ruas tão para sempre perdidos
ao vagar de março lustrando os poiais.

Depois, seguia ronceiro, modelo de dolência,
por essa graça súbita e distante,
por estreitas ruas que guardam o azul
temporão das manhãs de junho e o grave
semblante de quem, face ao rio, se despede
da breve primavera dos trabalhos.

Nuvens, telhados, quisera a vista estar
tão próxima desta intacta geometria, deste
tão consentido murmúrio sobre as graves
cabeças dos homens, projeto de aliança
que o vento estende sobre a secreta morada
dos mortos.

Desliza pelos dias noites de inverno,
feito nau de um distante passado,
navio do nosso futuro.
Vai sonâmbulo e vai subindo, da estrela
ao bairro alto, por entre choupos castelos
moiramas; vai de amarelo e ferrugem,
inquebrada seta pelo dealbar do dia,
caminho da graça, derradeira morada.

**Jardim constantino**

Que de nós os troncos deste
Jardim. Pasmo e passaredo;
e caronte a dizer que sim.

Não tem barcas; embora perto
se ouvisse o uivo de um bergantim.
Aqui são outras as navegações:

na mesa de ferro, o punho mastim
rasgando a tarde cor de cetim. E quem
canta o fim em versos assim assim.

## Fermoso Tejo meu

Rio azul que passas pela retina,
e, passando, me amacias essa rudeza
de catinga, o que te faz mais soturno:

o molesto furor das usinas
ou o ido rumor das verbenas,
moendas de redivivas mágoas
narradas em ária de cordel?

Nas altas serras, onde se dão
nuvens em lavoura quase etérea,
jugulam-te pulsos calcários; mas
vastos espaços são a tua estrada
de albarracin ao mar sem fim.

Em certos dias te soubera
um condoído rosto de cidade,
pobre souvenir revestido a celofane
por vitrines farpadas onde jamais
se escuta a áspera dicção da maré.

Então, negrejando, és apenas tinta,
manchas de óleo com que te repintam

desde cariados bairros onde, por ruelas
felinas, o crepúsculo embota
o claro brilho dos sinais.

E, no entanto, moves-te rumo à costa
que se extingue e não crês a estreiteza
do horizonte a amarrotada verdade
nascendo da terrestre ignorância dos limites,
pois tua sina andança medida
de albarracin ao mar sem fim.

## Antielegia da Beira-Tejo

Vejo-os balouçando nas patas trôpegas,
palmípedes vorazes sob a garoa febril.
Ardeu-se-lhes a juventude nas plumas desgrenhadas
e já nem este mijo outonal os faz recear a pestilência
fosforescendo como um desígnio cautelar.

A tantos foram alimento por tardes soneteiras,
mas agora que o céu oculta vozes e cores
e deus essa babugem cantante,
quem acende nas margens hesitantes
o tumulto irmão da ira?

Ó aves, que um falcoeiro outono
difrata em sarro, nuvens, fogueiras,
agora sois apenas ténues fotogramas
iluminando a insônia — o tempo,

esse relojoeiro cego, quebrou vosso encanto;
baixou sobre vós a heráldica da dissolução;
embora a reverência compassiva cascateie
louvores em jacentes metros doutrora.

Vós, aéreos náufragos, concedei-me o passo
vacilante com que à tarde o frio trazeis
em vossos desdoirados bicos — ficará,
decerto, o azul doutra lembrança,
coloridos prospetos apreçando o sol
olhando lisboa cinza agora sobre o rio.

## Último cabo

**2.**

Ignorar os desígnios da manhã, eu disse
— que coração a essa hora não vacila
ainda em contramão? Quem predisse
a faca no ombro, o ruivo empurrão na fila,

o prodígio tramando com o susto? O soco
ainda frio do anjo-rapaz é maquinaria
de que desconhecemos o segredo, seu eco
constelando augúrios na penumbra alvadia.

Amotinada idade em que os domingos
abriam fendas ali onde sabe o sangue
que não há navalha que conjure o desastre:

amadurece como uma visão de flamingos
à ilharga do estuário, incomovível guindaste
que exuma sustos num polido bang bang.

## 7.
### (Jardim do príncipe real)

Aqui neste jardim já nem marçanos
nem meninos, but lampeja uma roliça
preta barafustando com os ciganos.
E eu que não sou santo ajudo à missa

na mesma rotunda cadência que sidera
a ave perjura, essa que noticia a primavera,
pleno inverno ainda com a sua ira letal.
Jardim do príncipe real com tua luz fratal,

pode o céu chapinhar num voo de helio-
-trópios, que o sétimo dia é sempre um
engasgue na loquaz fatura dos prodígios;

inda das fachadas roucas as alturas do epitélio
nos prometam sibilas desdentadas. Sol e rum
sonho em longes ilhas onde sopram os alísios.


## 8.

Árvores minhas, melancólicas, inumeráveis,
que vos rilha o áspero vento do inverno,
se sob os tristes céus há algum governo,
mesmo desses que só das zero às seis

por incivil decreto ajuntamentos permitem,
um sono majestoso haveria de vos ser
concedido desde um outono de éter
à luz que desdoira a paisagem. Céu de fuligem

é porém retrato de cidade, mesmo se a garoa
recalcifica os cúmulos com um fogo novo.
A infindável ressaca que carcome a raiz

do sossego, atravessa, num raio, lisboa,
sobre vós, ó vígeis árvores, é furtivo voo
que claudica à churda ilharga de um país.

**14.**

Pelo coração da cidade me perguntam camones
em dias de viração. (Tão antielítica função,
só em prosa, narração). Desfio das ruas os nomes,
esquinas onde todo o tráfego se faz em contramão.

Já alto vou — voo? — por alfama e castelo;
no risco improvável de me cruzar com um
jato, o ofício de todos os aéreos deuses apelo,
sonhando já na vertical a sangria e o rum.

Eólicos companheiros ao alarme da manhã, na
rota do grão já voam; a mim, o rouco batimento
recorda-me que da urbe o incerto coração procuro.

Alarme de fumo em meu verso impuro, na narina
do camone é razão bastante para despedimento.
Feliz, volto então ao meu destino de poeta duro.

**19.**

*"Guarda a minha fala para sempre"* —
pelo poço dos negros quando rangem

os elétricos e teu nome fosca ramagem
carecida de verdor. Guarda em teu ventre

esse azul silente; se setembro, esse macio
vinho que eu e o álvaro degustamos
à leve bruma que o céu nos furta. Fujamos,
ó tristes pombas, que há jeiras onde o frio

nos move cerco até ao cóccix. Guarda,
como noiva prometida, os alvos cendais
do adeus, embora não seja hirsuto arrais
à largada, mas náufrago que ao frio se atarda.

Guarda a minha fala como um eco de balada,
que do olvido diviso já os múrmuros sinais.

## Derivas

**3.**

Parados frente ao mês de junho.
A água das fontes à flor dos cabelos.
Um golfo de nuvens dobrando a encosta.
Voava a tarde nos cumbres distantes.
Pouco céu ampara agora os teus olhos.

Lágrimas e sim. À foz do fortim,
falcoeiros acenos corriam o dia.
Cruzavam espadas os ares baldios.
E dardos febris ao voo dos clarins.

No alto castelo, de névoas tingido,
dobram canções. Loas de infanções,
pendor de doçura. Aquietando o arrabalde
curvado de aulidos.

A inércia dos punhos no crepúsculo
salobre. Retornando à noite, o firme
hausto das verbenas. E estrelas
caminheiras encimando o fortim.

Eram frente ao mês de junho
as foscas escunas, os mastros potris,
maré de velas e hipocampos tornando
ao inquieto redil das angras.

## 9.

À flor da manhã, um elétrico
e um marujo. Tocava a campainha,
corrias a abrir, vagabundo no átrio
com o aroma das zínias, por medo,
não perguntavas o meu nome.

O rumor das verbenas fere-nos por
memórias já estilhaçadas. Um céu de tormenta
trazia-nos a fuligem das horas despovoadas
de ternura; em que o naufrágio se anunciava
pelo tremor das tuas mãos
tão presas por entre as minhas.

Tu eras de almada, eu sou de alfama,
um rio de adivinhas singra-nos o peito;
parece que para, às vezes que foge.
Do alto castelo que velas, que torres
prendem a manhã ao motim salobre
destas ruelas?

Ouves o comboio caminho do sul
e não sabes de que verde são ainda
os meus olhos? Ouves o touro
no redil do dia e não encontras a chave
que abre a cancela da solidão?

O que perdura — gralhas soluçando
à luz do primeiro outono,
fiéis como a erva germinada
pelas veredas do inverno;
o voo dos elétricos por fúnebres colinas,
que de longe os ouvia, ou, de mais longe ainda,
os sonhava, como um lugre naufragando
na maré baixa do adeus.

Sortilégio é o nome que dás
a essa poalha supérstite
desenhando por sobre o rio
o tempo das quilhas corsárias.

**10.**

Correm gaivotas o sereno céu
de outubro. Rasgam os ares,
como na tela a espada do pajem.

O esmeril da clava tingiu-lhe
os ombros; donde rebentam
vagas mastros tarambolas.

Vês o rosto tombado na areia?
A lança cravada entre as costelas?

Eu perdi o coração
no abismo dos dias felizes.

**12.**

*(Sobre uma fotografia de Bernard Plossu)*

Seguem, dolentes e negros, à sombra
das viageiras nuvens. Tristes e três,
sob o ferrete de um irresoluto combate.
O pacificado céu guarda-lhes os rostos.
Negros, como negros são os cisnes
que a insônia pastoreia.

A laminagem dos risos dá o primeiro alarme.
Acerados raios sob a fosquidão do céu,
os punhais da injúria soam perto —
múrmuros sinais que os trazem em cerco
para lá dos bairros onde vela
o anjo sem nome. As esteiras do desastre

no entanto hão de trilhar, os flancos
expostos à rouca deriva dos presságios,
às fogueiras que um marquês mandou atear
para que geração alguma ignorasse
em que funestas tramas se enreda a inocência.

Sob o pacificado céu,
súbditos são das centenárias torres,
do balbuciante sépia — rude arte
que tem a natureza de anunciar
a estreme felicidade do crepúsculo.

**14.**

Desço a tarde com os rebanhos
de caeiro. Pobre pastor, por sendeiros
tenho estes róseos telhados onde,
em medida antiga, o vento me instrui
nos arcádicos motivos.

O rapaz do quinto esquerdo, porém, canta
vitória afundado em pez. Voltará
pelos sussurrantes verões ao fosforescente
palco onde um friso de negras cabeleiras
desenha as iniciais do amor?

Tempo e cicatrizes. Vigias em escuta
nos torreões que o domingo cerra.
Ardentes territórios onde a tristeza
soletra o nosso nome. Virgem vulpina,
rogai por nós, agora que nas arcadas
setembro é um gládio enristado.

Pelos valados deste dia,
langues mugidos como um memento
salobre. No silêncio hiperbóreo,
dissensões civilizadas, solidão nevante.
Triste pastor, dá-me canções
para este mais triste domingo.

**18.**

Com setembro a lacerar-te as veias,
pode o céu verter mais do que
as abcissas do desastre?

E, no entanto, sorrias à funerária
boa viagem (que vida não é despedida?)
onde se negociavam talhões
e embutidos de oiro e crómio.

Absolvido do penhor sem retorno,
do desfalque que cumula dividendos,
antecipas a nascença com o patrocínio
dos deuses iracundos, esses que disputam
ao arrotador de intempéries o quebranto
dos meus vinte anos.

Pudesse ainda dizer que o susto
é um palmípede varejando o estuário
ou naftoso rio trovejando endechas
(a ilusória serenidade não lhe aplaina o bafo),

mas a acerba fuligem já reclama
o crédito de um póstumo luzimento,
precário bálsamo que não elide os hematomas
que um verso lega à face abismada do escriba.

Setembro, porém, essa ternura voraz,
vago voo que descampa os domicílios
da névoa onde por vezes se eriça
a acédia que tolhe os ofícios da mão.

Mas que sei eu da ráfaga que trepana
os ínvios filamentos que fazem mais friáveis
os roucos vaticínios da galinhola?


**20.**

Pelos socalcos deste dia
descem as trevas da nossa alegria
curva apertada
(cuidado com o descaminho)
quando te aproximas
do marco da última rua

tu não sabes mas já lá não mora
aquela que chamaste tua
deserto jardim já só tem
o algoz vento por companhia

dança tremida na solidão do fim
do dia
incorporas o ritmo de enguiço
da tristeza suas altas ondas
pendendo sobre a pequenina árvore
que com o vento se digladia

seria sexta-feira
cemitério de vivos
de névoas babujando
os brejos da alma
da despedida exangue
nos degraus de nenhum destino

grande milagre é haver corpo
que não tresande
a sevícia e a sangue
mesmo se morrer é coisa pouca
sem alarde

mas por ser sexta-feira
talvez haja quem te aguarde
sob altos tetos de miragem
para mim já é tarde
vou com o meu fantasma
ver o filme pela metade

## Vesperal

Cantam na praia os rapazes;
à lua sarracena do estio.
Suas vozes, espadas quebradas
embatendo-se contra o muro.

Desesperam de deus e das suas bíblicas
bem-aventuranças, na estação escura
em que o mar fala com a voz grossa
e a dor, essa velha irmã,
reclama direitos de poiso e pedagem.

Serão deuses da solidão ou apenas
sábios da tristeza, como escreveu
pablo méndez? Eram frente ao mar desabridos
corços e exatos os seus perfis agora
que em fumarentos interiores recordo

esses salitrados dias de formosura,
em que toda a tarde esperei que o lume
se convertesse em âmbar e suas vozes
escutei, como anônimo ladrão da beleza,
desde o defendido pátio de hotel.

**Variação sobre uma nuvem**

Por cômoros e valados vão amazona
e campeador. A brida em que vão
retesa, no mesmo hausto, rasa grama
e alta fronde.

Vão fugidos ao zás da vara
que um sol de afinco doira,
ou em demanda desse outro oiro
que por estreme se não entesoira?

Nas crinas, orvalho e lume,
ou pó que na viagem se transmuta
em prata; mas nós, por perjuros,
asseveramos que a ridente mão
que o látego brande.

Tempo os segui pela berma do sol
posto. Agora, no pousio do sopro,
indistintos, amazona e campeador;
prontos para outra perdição.

## Paraíso apagado por um trovão

**1.**

*Descer — ao chão antigo,*
*agreste, familiar; às ombreiras*
*sem brasão onde nem trompas*
*matinais nem plenipotenciária*
*voz de mando.*

*Regressar — à vida rude, elementar,*
*veredas de antigos passos,*
*emboscadas de vizinhos,*
*castos gritos de meninos,*

*sonhadas façanhas marinheiras,*
*narradas não em épicos cronicões*
*onde mastros cruzes naves*
*fingem vida quando ruína.*

*Desacontecidos sucessos*
*são matéria deste livro, precário*
*edifício, como tudo o que é erguido*
*pelo cuspo da poesia.*

*Pôr em verbo o que vida fora?*
*Em dramático lance contar do assombro?*
*Ou por subtil engenharia escavar o ínfimo?*

*Descrer — do antes e sua prévia arquitetura;*
*do pós e sua sábia arqueologia:*
*arte é lucidamente padecer o informe;*
*o que do avesso segregado*
*em somente mundo se converte.*


## 2.

*Deixa entrar o trovão,*
*o vento peregrino restolhando ao rés da relva,*
*as altas nuvens sem pastor, deixa entrar,*

*como deixas entrar o pão e o vinho,*
*os gritos da matança numa véspera*
*de páscoa, os vultos que amados foram,*
*embora com suas marés baixas,*
*suas horas crepusculares que não chegam*
*para sufocar a agreste ternura*
*de que fomos tão nutridos.*

*Deixa entrar o rumor da estúrdia,*
*ladrão do teu sossego, os lamentos pelos*
*afogados já setembro apenas esse visco*
*transmutando-se em ferrugem. Deixa entrar*
*a morte, amor novo sobrepujado de olheiras,*

*a rã primaveril enrouquecendo os valados,*
*deixa entrar; o cheiro a frito à hora do terço,*
*a voz que chega não sabes donde,*

*como um coro de galispos num amanhecer*
*de noras, o vil e o reles deixa entrar*

*— é disso feito o poema;*
*inda o não saibas, tudo o que nele entra*
*tinge-se de penumbra e mistério.*

## 3.

Ali fora a casa. Lugar
das domésticas deflagrações.
Da inércia dos clangorosos abraços.
Dos animais feridos de lassidão
nas manhãs que o nevoeiro cerra.

Tão cedo nos buscava a treva
mais felina, ombros de susto
no verdor dos quinze anos.
O pó da última estrela,
um aconchego lasso
contra a tua pele tão escura.

A linha obediente da ascendência,
o motim dos pequenos desafetos,
prendiam-nos num cerco sem armistício.

Hinos, rogos, ladainhas,
o turíbulo fabricando a cerração,
o cata-vento sonhando alto a intempérie,
naufragam agora por rupestres aterros;

pois, é tão cedo que a mágoa
nos visita com o jeito pirómano
que a chuva não apaga.

Mas, da cativa luz argentando
os eirados, aonde formos
contunde-nos seu lustro de antiguidade.

4.

Ouvi o remo bater na água,
como num açougue o atroz cutelo.
Teus olhos cruzam a poeira dos baldios.
Eu ia partir por angras de sede
e adivinhação. O dia silvava no bico
das aves ligeiras. Rente aos postes
telefônicos cansados bois seguiam
rumo à rendição. Os cães ladram
às entristecidas sombras
joeiradas pela tempestade

— voos rasantes donde sobe
o negro revólver da insônia.

5.

Erguiam-se os campos em epifania.
Os campos escuros das noites submarinas.
A primeira água debruada de girinos;
corre pelos regos depois da barreira
de estopas romper-se ao temperado golpe
da forquilha. Do reduto ameaçado do pátio
a mãe vem cabeceando orações. Doutros
lábios responde-lhe um rosário de refregas.

Era com surdo fervor que então
pronunciava os nomes dos mortos
quando a manhã galgava as cendradas copas
onde a luz não era mais do que
um nobiliárquico inquiridor de feridas.

Povoação de queixumes. Parada, subitamente,
frente ao mês de junho. No mar o azul enrouquece.
Rebanhos obedientes cruzam o dia; num funerário
mover-se. Vozes de contenda ardem por eiras
e monturos; avisando que a noite não tardará.

## 6.

Por entre umbrais diz o eco
— aqui passou o vento. Qualquer água,
e é de novo verde o nome desta terra.

Era setembro? O azul doía?
Verde, verde musgo.

Pudesse a infância dizer-se assim
sem que em mim rebente
a gangrena da saudade,
como no sufocante agosto
o torvo cantar das furnas.

## 7.

Aqui, circunscrição do medo.
Aqui, as letárgicas armas vigiam.

Aqui, tributos pagos em arrobas
de queixume. Aqui, chamiços de ossos
pela húmida tarde de dezembro.

Fugia das dornas o cheiro a chacina,
o odor a vísceras prometidas
aos cães vadios, memórias da pequena
dissidência retornam como um osso
exumado.

Às vezes, a astúcia dos dedos subtraía
uma orelha à carcaça posta no chambaril,
e se apanhados fôssemos, pena de talião
era aplicada: um vigoroso puxão de orelhas
que haveria de sobressaltar-nos
pelo dia fora.

Aqui, a pedra berço de incubação.
Aqui, cárcere de sediciosos sob o assédio
dos mosquitos. Aqui, a última luz é um dom
terrestre, firme sobre os muros
e as letárgicas torres; ensina o entusiasmo
dessas tardes em que os olhos iam muito
para além dos cômoros; pelo imemorial verde
dos campos de março.

## 8.

Um sino que tange.
As mãos abertas sobre as areias.
O deserto que há de ser
a demorada luz deste lugar.

Surdem dos póstumos lugares da paixão
gestos demorados, resgatados à negridão
das cinzas. São como mnemónicas
para um futuro tempo de esquecimento.

O súbito rigor dos montes adentra-se
pelo fulgor dos cúmulos. A lua fiel
dobra os afogados arrabaldes de setembro.
Ninguém sabe de que lado rebentará
a nómada legião de gafanhotos,
cercando os campos num ritual de asas
suspensas por sob a endurecida voz
da lestada.

E ouve-se, então, a ferradura
do vento na fundura dos pauis
— charcos onde findavam
as fraternas cavalgadas dos rapazes —
a dança dos bilros minando a penumbra,
os gestos rurais de quem é íntimo
da terra e da morte, o som dos sinos
num aviltado crepúsculo do sul.

Mas porque da natureza dos astros,
cada apogeu véspera de declínio.
Assim no-lo disse rilke: *a felicidade,*
*proveito antecipado duma perda próxima.*


9.

Não ainda a língua dos mistérios
quando a manhã suspirava dolência

por entre leiras de silêncio,
e coroados pela neblina iam jovens
cabeças, pugnazes braços, quebrar
com pingentes de riso a solidão
dos campos marchetados pela bruma.

Por aqui hordas de peregrinos
atroaram o domingo,
sonhando no aprumo das suas mãos
o decreto ilibante, bulas alçadas
desde sombrias concavidades.

Além, alheios à conjura celeste,
veneradores tiveram sua ermida,
o lume do primeiro álcool,
as cinzas do aluído amor,
o rasgão do último raio augurando
o insonoro serpentear das sombras
pelos povoados assolados pelo cieiro.

À letargia a que chamam paz
retornam agora por funéreos caminhos,
os passos reféns do que negreja
para lá da bravia ondulação do páramo.


## 10.

Falo dessa mulher com a luz na boca;
dessa erguendo os cântaros
pelo embrumado dezembro dos anos.

Vai pela negrura, nos lábios a adivinha
se leite ou morno vinho
o que leva na cantarilha.

Conheço, desde sempre que conheço,
o eco dos seus passos retumbando
por essas azinhagas onde rústicos pastores
mungem a luz pelos gargalos.

Não sei, contudo, se são estes
os lembrados caminhos por onde chegava
o alto rumor das marombas,
a alcateia das imóveis estrelas
nascendo de um oblíquo rasgão de nuvens.

Não traz à cabeça a lírica coroa
dos vencedores, nem uma onomástica
de retumbantes sílabas esplendendo
por sob os infirmes pés de cristo
— só uma lavra de comburidos frutos
estendendo-se pela penumbra dos anos futuros.

Bastará o pequeno paraíso de dias
silenciosos onde verticalmente crescendo
soletra o filho o "a" do assombro
e o "b" da beleza nessa lavoura
de sono a sono?

Um requiem de abraços no quarto
sulfatado, o motim das primeiras estrelas
por acrílicos céus, cada qual com seu
decreto, erguem-na agora para o degredo
a que ainda chama vida.

**11.**

Adejante tarde de outubro em que
a mortalha de cinza desce no denso
mar de andorinhões; esquisso do primeiro
dia antes da claridade quando, brandindo
o cajado, ordenou javé que a luz se fizesse.

E fez-se luz sobre a estreita cova
quando à terra baixaram o corpo de minh'avó,
(cinco arrobas de fedor bem pesadas no caixão,
como queria o nemésio) e nem os olhos se me
turvaram; nem os cabelos se me enriçaram
— eu era ainda da estirpe dos inocentes,
relíquia de um distante tempo de holocaustos.

A mão do cavador ladeia a lápide
com a enumeração dos pobres feitos, eterna
devoção dos lacrimosos entes. O padre recita
"rogai por ela", expondo os dentes cariados.
Eu deito a minha porção de terra, tributo
aos costumes manadios. Leves seguem pelo dia
fora o rufar dos tambores e os bramidos
dos búzios da tabanca.

Pediu minh'avó, expressamente, que assim
fosse. Duas, três voltas deram-se à igreja;
cumprindo-se assim sua última vontade.
Mas por todo esse ano eu não pararia
de ver a sua curvada figura vigiando
o alvoroçado recolher dos galispos.

A saudade — meio-dia incendiando os ossos.

**12.**

Cedo, madrugada ainda,
aprontam-se facas e alguidares.
Gravetos maninhos coam presságios
à bruma que os primeiros galos riscam.

Ontem ainda nos olhávamos,
ternos irmãos, sem a piedade embaciada
que nos veda até as lágrimas.

A morte não antecipam,
mesmo se com o focinho curioso
indagam da parca ração, tropegamente
despejada nos cochos ferrugentos.

Beleguim da sua sina,
co'a naifa, uma cruz no chão
faz o oficiante, enterrando-a depois
com anatômica precisão aí onde,
por mínima, a vida é só raiz

— fumo, estrépito, enxúndia,
o sangue jorrando em compassivos haustos,
o fogo, ruminante voraz, cantando na eira
nossa incorrupta alegria.

Lição de idade, esta — nem sempre
quem a morte dá a vida tira.

## 13.

Veste-se de um negro quase luto;
matéria opaca;
avessa a qualquer transparência.

(Tive uma assim, mais felina
que cabril; deu-me o aconchego
dumas tetas nos agudos dias de penúria).

É de cante seu silêncio,
quando sol e meio-dia,
e a grama se retesa nos cerrados carcomidos.

De nervo, sua trama;
duro demais
para ser vertido em lira.

Da cabra, sou o vero descendente:
no negro, que não é erro;
no arisco de quem sabe cada afago

um punhal. Pobre de dons,
louvou-a apenas o pernambucano-mor,
esse que a sabia de sua mesma casta.


## 14.

Eras duma ternura andarilha;
mesmo quando, remanchando,
chispavas nos cascos.

Foste meu platero,
gibão de brincadeira,
máquina de trotar penedos
qual elefante de aníbal
trepando às cucumárias alpinas.

Asno te dizem, enchendo a boca
de desprezo?! Com mais chiste
e mais requebro
devolves o veneno.

À nora (destes versos) te queria
agora em teu eterno trote saltimbanco
— sentiria menos a acédia,
a tristíssima música dos domingos.

Mas, errando tons e proporção
(é arisco guia a lembrança),
repinto-te no regaço amniótico
onde o focinhito demótico
mais que susto era assombro.


## 15.

Não eras flor de adorno,
inda auri-rubra reflorisses
pelos cariados muros
que a manhã descerra.

Qual puta da beira dos caminhos,
em árduos trejeitos te oferecias,
mas nos teus ranhos ressequias,

pobre madalena sem cristo
nem franjinhas.

Em latinório doutorão, de aloe vera
te crismaram, mas na redoma do que
me é mais íntimo amarguíssima babosa
serás sempre, a de baba rude e grossa,
santo remédio p'ra piolheira,
fado nosso de menino.

Tiveste honra de retrato
em catálogo de missão botânica,
alfenim de inocência entre dragoeiros
poltrões e rosinhas vulpinas
que nos tiram o sarro das narinas.

Foste minha frol de verde pino,
amor recidivo nos costados dessangrados,
mais profundos que os terrores que
em tinta a noite prescreve.

Mas, aonde a madrugada é susto,
te vejo posta em sossego,
então, suspirando, sou o pobre jonas
atirado às distantes praias do adeus.

## 16.

*His robe is the black of the last blood*
Ted Hughes

O que murmura acampado em densa
fronde, mas sabe que a trompa da manhã
fustiga como o galope do relâmpago

o que se acoita por detrás das nuvens
mas não ignora que a claridade
um fuzil que arrota em todas as direções

o que é senhor de penhas
e cumeadas mas nas planuras
acossado por fundas e pederneiras

o que no desterro de si mesmo
sonha o armistício primaveril
mas a supérstite mão do criador
transforma em eterno arauto da catástrofe

o que se anuncia pela suave
tremulina do estio mas seu grasnar
tem a torva intimidade do frio

o que golpeia o sol mas enfarruscado
torna aos nimbados alcantis

o que não divinizou a luz
mas acolhe a manhã como um tributo

o que não magnificou o raio
mas fremente se ergue ao azorrague
fendendo o casulo das minhas astrológicas mágoas

o que é acrobata nos redis do ar
mas recebe o perene soldo da injúria

— esse é o corvo
forma a preencher de negro
nas rupestres falésias da imaginação

**17.**

Abre-se o pátio aos enredos da manhã.
Abre-se aos passos infirmes do avô,
que já abertos foram à doce corrupção
dos anos. Abre-se a quem traz braçados
de lenha, a malga de leite e os fatigados
remos, orgulho da nossa tribo.

Abre-se ao rugido do mar quando,
por alturas de fevereiro, permanecem em terra
os frágeis batéis e silenciosos ficam os homens
sobre o negro promontório da manhã; sob a estrela
da alva indicando nenhum destino.

Ó temor de vagas queimando as pupilas.
Ó pressurosas quilhas enfrentando o perigo.
Além — é sempre além — a felicidade.
Mas que se abra este velho céu pasmado
(que só no azul não é avaro),
que levo no meu cardado coração de ilhéu
abrindo-se às frias neves d'holanda.


**18.**

Um falucho rebocando a tarde.
Lugares de cinza herdando a abrupta
germinação. Condado de sol estendido
lá em baixo onde pastam caprinos
no campo que era nosso.

Meu dom é semear estas vogais nestes
regos de verdes caules como se, acerbo,

empunhasse a longa ferradura da origem
sobre esta costa tremente de vagidos.

O solo deferente das roldanas interroga-me
de novo sobre a justeza dos nomes do amor;
sobre as velhas amizades reclamando juros
e precedências; sobre os bilhetinhos metidos
à socapa por entre os seios das jovens
raparigas, as de riso firme estuando
para lá da ombreira onde o gado se acolhe.

O tempo que sustém é o mesmo que derruba
e transforma; afasta e aproxima, como
o binóculo teu bisavô (alferes que foi
nas tabancas da guiné), suave adereço que então
trazia para o morno regaço da tarde as escusas
mulheres crescendo para o prometido repouso
da noite.

Ó infância, pátio paraíso onde é sempre
estio, na ronda do escuro pelos telhados
onde o vento é peregrino,
mas o céu tem por certo poiso,

oiço gritar a soma das pequenas traições:
não é simples questão de aritmética,
pois quem de si mesmo se deserta
em céu algum se achará.


## 19.

Como ménades de pretéritas eras,
descem na tarde estelar;

rebanhos que a bruma segrega
e ouvi balir na infância ida.

É possível que fossem portadores
duma inquietação idêntica à dos viajantes
nos portos de embarque; mas, nesse tempo,
o destino não se escrevia ainda com a torva
tinta dos presságios ou a pátina dos soluços
nas madrugadas de despedida:

fosforesciam os campos amarelecidos
numa antecipação do estio (eu amava
esse declínio lento afogado em prescrições);
o azul tão do alto tombava, por valados
donde sobe o milhafre voraz
cercado de pólvora e impropérios.

Nos cerrados onde a chuva inesperada
conturbava o labor dos jornaleiros,
escutei a sua misteriosa dicção
— em longas férias, ali me instruí
nessa pequena arte de cifras,
ansiando por um lugar entre eles.

Mas eu era um regressado, o que
na debulha atraía olhares dúbios e comentários
condescendentes — "tem as mãos demasiado finas",
"não nasceu p'ra agricultor" —
e à noite, em mornos palheiros, ganhava viço
por entre as coxas das jovens serviçais.

Embora meus sentidos já não se alimentem
desses dons, da frescura das leiras afogadas

em orvalho, do motim rouco dos galispos
nas manhãs de despedida, das bênçãos colhidas
no alpendre por entre sonâmbulo e loquaz,

a vida rude ensinou-me a aceitar
este pobre destino de palavras,
à geada que retraça
o ludíbrio a que chamam paz.


## 20.

Chegou o verão. Sem a pompa
doutros anos — só um brilho cego
cravando a raiz do coração.

Eu seguia-te de muito longe,
com quatro ou cinco frases engatilhadas.
Entre rápidas braçadas, punha-me a contar-te
a gênese das cicatrizes. Tu não escutavas;
ou escutavas; mas era o rumor dos hipocampos
trazidos pela rebentação.

Eram as tuas ancas cruzando o promontório
estival território de cobiça. Eram pelos caminhos
do mar a pungência do arco-íris e o prazer
extremo de levar-te por sobre as ondas,
testemunhos de felicidade:

como ouvíamos o mar pelas veredas
do corpo, céus de verão poisando sobre o nosso
rosto, a voz que diz "segue-me justo este mapa
de segredos", o côncavo rumor dos remos dobrando

os calmos muros de setembro, clamores avinhados
frente ao mar que já se enevoa.

Então o mundo ardia no incêndio da glande,
um grito monstruoso aterrava a lua,
os músculos defrontavam-se na fundura da treva,
mas tu não cuidavas que a felicidade findasse
assim. Eu próprio amei o tormento entre duas
braçadas de feno rilhado; indeciso; defendido;
mas isso foi num outro país que os meus braços
já não alcançam.

Agora não nos confortará o morno lume
dos engates rasteiros, mas fomos ternos e felizes,
embora os ventos da noite semeassem a cada dia
no largo de esperas em motim
farpas do exílio, esteios do fim.

## 21.

Acendíamos o crepúsculo
com as nossas vozes, lua nascente.
Novembro tem odor a bruma
e névoas ondulando para lá das leiras.

Como um augúrio decifrado, a escuridão
germinava a leste, conjurada pela voz
potente do farol e pelo frêmito
assombroso do relâmpago.

Quem dentre nós possui a voz mais
firme? Quem melhor mimará
o severo aviso da lestada
no nosso país seco lá em baixo?,

pois não há trespasse para a memória,
ou para os escassos dons entesourados
numa invocação tardia — compõe
na tua morada de desconsolo, na linguagem
rude dos teus maiores, a pátria que se furta
às rotas de cerração e tráfico;

recorda, porém, a solidão germinando
na calma que um machado percutia;
as roldanas chiando no poço com água
barrenta; o brilho dos primevos nomes
retumbando pela bruma,

pois toda a vida é passado que regressa
com as nossas vozes, lua nascente,
como as ervas de um tempo póstumo
sibilando num sonho maculado de salitre.

**Bairro de sol**

1.

Ela que parte pelo guizo da alvorada
pelo galo de sol estremunhando
entre as empenas
segura face ao vento da melancolia
ei-la que parte ensaiando a arte de bailar
aos soturnos cataventos aos náufragos
girassóis nos salitrados telhados da cidade

ela que escreve com a dor de dois
continentes com as cinzas de tanto rogo
a evidência de ser gente tão somente
ei-la que chovem sobre o seu pardo rosto
os enigmas que prendem o universo
à voz improvável do pastor
num alcantilado domingo de cidade

ela que parte nem rosa ave ou lugre
eco apenas que a pressa estrangula
em mínimos decibéis de angústia
ei-la que regressa com o segredo
do mundo nas íris verde mar

isto
ou um mapa de desconsolo
e pouco sol a doirar
vago sonho de amplidão

**2.**

*Dai-me outra vida*
e estarei de olho fito
no céu de outubro —
meteorologista sem pensamentos
só dos corvos a sonora trama
deixarei ecoar
na penumbra desolada do coração,

pois, embora seja dia
com seus solícitos dons,
um céu xistoso nega-nos
o azul da consolação,

sequer o carpir amarfanhado
a soldo dos anjos refratários,
por baldios onde outrora
farpados desígnios se teceram.

Livro algum ecoa agora
a trama da redenção.
Só te resta o regresso
aos perenes ardis do coração.

## 3.

Dão-te a pá e a picareta
madrugada nevoeiro e umbra
mas não a cifra secreta
que a tua alma alumbra

dão-te a escura porção de vida
e o quinhão duro da exiguidade
mas não a vaga desabrida
anunciando a claridade

dão-te a cicatriz dorida
e o olvido também te dão
mas não a pátria delida
nas agruras doutro chão

e te crivam os sonhos
do cativo pez do mundo
nem mil uivos medonhos
penetrariam assim tão fundo

altos andaimes junto aos céus
para o teu labor te dão
onde não chega o refrão
destes pobres versos meus

neles te canto emigrante
com sumo ardor e pouca arte
tal um lume bruxuleante
na voz humilde de quem parte

**4.**

Enfarruscado do pó das estrelas,
és um gato triste à porta do baile.
Testemunha involuntária do comércio
da carne, viajas à pendura, na canga
do cobridor, esse boi cansado
dormitando nos porões da fábula.

A treva, esse comum lençol, é uma
aura benfazeja para o que leva
o pranto a tiracolo: germina na língua
morta das estátuas e ganha um ímpeto
de loucura nas gargantas à meia-noite.

Traído que traíste, ajoelhas nas lajes
da memória, num tropeço de criança
correndo para o regaço do pesadelo.
Nas mãos nem um eco de fantasia
com que protestar culpa ou inocência,
ou outra qualquer sorte de sentença.

Agora entregas-te à cólera, esse rio
que te sobe ao peito e arfa num
altissonante murmúrio de dilúvio.
Onde construirás a tua morada, ó cansado
filho do homem, se a pátria é esse punhal
dolente que te cravam na alma
a cada derrotado amanhecer?

## 5.

Grasnas em teu credo zombeteiro,
por sobre esses taludes bordejando
as autoestradas. Sentinela de má sina,
enfaixado em cerco e lenda,
sombra que madruga sem álibi
para o desassossego, o teu reino
são esses desalentados socalcos
onde a vida é desabrigo.

Do país do olvido,
já nem de ti lembrado
quando a nortada rói o precário laço
que te prende à terra nas tardes endurecidas
pelo griso, saúdam-te pelo bramido febril
das pederneiras, pelo esmaecido ronronar
das fundas, varonil desvelo que corre a beijar
a tua desamada sombra no ocaso sacudido
pelos decibéis da fúria.

Não te louvarão os vindouros
a manhã desassombrada, ó triste acrobata
lançado no ar da peste, nem em moldura
te guardarão retrato e descendência;
poucos saberão que a treva que te cobre
traz tanta luz à escuridão dos versos,
esse lume que ardesse na tarde de vozes
tumulares que de ti dizem, ó sombra,
nevermore, nevermore, nevermore.

**6.**

Mobila-se o coração, falanstério de sigilo,
para o griso destes dias. Brando, pungente
arrefecer da paisagem, o lume silente
do pensamento. Que anfractuoso trilo —

o estio em sua ida; já de levantinas brumas,
portos&baías; onde bois conduzidos pelo punho
da manhã se adentram pelo verde país de junho.
Se setembro — a friagem, as íntimas verrumas,

que ser outono é ver iluminar-se a alma,
volver-se a essa súbita antiguidade,
alçando-se a figura pela luz da mais pura

chama. É então que, docemente, nos ama
a morte; sem que de nós saiba nome ou idade;
que tudo em nós é esse sono volvendo-se altura.


**7.**

"Não é a punheta
que faz calos à alma",
sentenciou o pai quando pela mão
lhe trouxeram o petiz apanhado
nos canaviais em flagrante delito
de onanismo.

O que à alma do homem debrua
de calosidades é o tacho requentado
e o metal da solidão pendendo

das barbas do inverno;
é o alarme do reumático
nos andaimes junto ao céu;

é marylin sonhada entre lençóis
de sarja, mais o sarro do mau vinho
que precocemente te fará extinto.

É a parra do mundo
declinada em murmúrios de piedade,
e a hóstia da hipocrisia deglutida
às mesas do humanismo.

Punheteemo-nos, ó pais de filhos
sem pátria, punheteemo-nos
com mãos de fúrias e ganas animais,
já que bichos nos fazem nesses
enegrecidos bairros de má índole.


### 8.

Não houvera quem vos cantasse
e oculto ficásseis na memória dos vindouros,
pedra de balastro assim lançada
ao invés da sorte
(juro eu vi como um tiro alto no outono
tinindo entre a têmpora e o ouvido),

com a boca seca e o ardor que não se esquece
reverdeceria esta primavera de coração amargo,
em que a névoa cava ilhas na distância
e nenhuma é a cama onde à noite te visitam

os puros dons da mansuetude,
sequer o sono limpo por vezes coroado
dos leves crepitantes sons dos transístores
que vencem o roncar audaz e vivo desse rio
inscrito nos mapas que povoam a cabeça.

Mal comparando os nutridos apertos
de um poeta quando o verso se encanita
(conheces, ó vate, as vascas do suor
nos andaimes onde a morte surde
de emboscada?),
como vós vou por esses ermos,
no peito o cisco de tanto inverno,
esse que não há epopeia que não cante,
já delidos mote e volta em fugacíssimos
sons, memória só doutro vivo desconcerto.

Fuscos iludidos da fortuna, que cavais
com mãos canoras essas madrugadas
de lanças e motins e as penas ocultas
sob os altares com luzes feéricas,
quem de vós me ensina essa simples lição
nutrida nas salobras marés da vida —
mais nosso é o estrangeiro chão,
posto que os cantados felizes regressos
são mais coisa de cinema?

## 9.

À casa do teu coração tornarás um dia,
aos telhados donde abraçavas o céu,

tu, mínima solitária estrela
no galho mais alto da tempestade,

e verás o cômoro onde já não pastam
as alimárias sob um sol de mágoas
iluminando esse declínio voraz,
selado armistício, coevo fermento
atirado ao redil da tua dor.

E pelos dias sem mistérios irás então,
por entre leves sorrateiros estilhaços,
amarfanhado quinhão de saibro e capim
com que a exiguidade palpa teu umbigo
de sal e caruma.

Não vejo como tal declínio não te comoveria,
tu, futuro estendido defunto sobre os areais
da noite, concreto paraíso que um sulco
agora delimita, as estrelas já como sílabas
esplendendo no âmago do teu nome.

Rende-te à via sinuosa, à áspera canção
brotando das ladeiras afeitas à planta
dos teus pés — teu ouvido a conhece:
primeira música deflagrada no fio do desdouro,
como esse sol que agora desce
num percutivo som de estrangulamento.

## 10.

Caminhaste contra o mapa,
subindo os rios da noite

puro de espanto e de angústia
tal essas alvas vagas
que dessedentam os lábios
nos dias taciturnos de setembro.

À bússola indicando o norte,
indiferente às leis do acaso
e aos nevoeiros fosforescendo
nos vitrais da alma,
mar chão e vento favorável pedes,
torrão e estrelas velando o canto
das sementes.

E no entanto, o fermento do retorno,
pólen e plâncton que alisa a interrogativa
dúvida, infla a tua voz de náufrago
nas enevoadas praias do desterro,
ali onde plantado sobre os ombros
do assombro ouves rogos do pó gerados
e por aterros que a planta dos teus pés
conhece segues os rastos dos perdidos
na convulsa ressaca dos sonhos.

Fazendeiro da alegria,
vais pela névoa do outono
no encalço do país do arco-íris,
mesmo se as noras rodando
nenhum prodigioso retorno auguram,
pois os pactos do tempo são mesteres
de adivinho, e eu só posso neste trêmulo
outubro de neblinas essas cinzas que esvoaçam
sem dizer de que fogo são memória.

Porém, pela tua apaixonada porfia,
alcandoras-te à altura de ulisses, o astucioso.

## 11.

Chega abril e não é de crueldade
nem dos lilases que quero falar
— minha mãe está de cama
e tenho de chamar a ambulância.

Sobressalta-se o bairro ao ruivo
latido das sirenes — adivinha-se
uma madrugada de naifas ou coisa
pior; mas é apenas a minha mãe
requeixosa nos seus oitenta
e tantos anos.

E é tão simples e claro o jogo
em que nos embrenhamos:
ela dá-me sua vera dor de parturiente,
e eu dou-lhe não o humano sentimento,
mas do poeta o alto fingimento.

## 12.

Não tiveram bojador nem caravela
— apenas o canto da tempestade
quando a pátria selava sem armistício
esse seco esboroado sangue
que se recusa à transfiguração.

Porém não se desviam do destino
quando a morte atravessa em alvoroço
o sujo teatro dos seus passos; movidos
como quem carrega nas entranhas
o inteiro fervor do universo.

Perseveram. Ainda quando não sabem
aonde os leva o incomovível sopro
do inverno. Mas entendem o âmago
desse furor inelutável, sua premonitória
medida aquilatada no cadinho de tantas
tribulações.

Compadecidos convivas, sento-os
à mesa tardia deste poema acenando-lhes
memórias do país de antanho,
imerso nessa bruma que desdoira a lembrança
e já só se escuta nesse mudo filme
parado no rugoso ecrã da alma.


## 13.

Não trazias o cieiro na alma.
Relâmpagos fremem pelo escuro
destes pátios. Com susto igual
um coro de vermes reclama
tua prometida carcaça.

(Ternos operários, não trabalheis
com denodo tanto, que um osso
nosso há de ser buscado
como prova que aqui estivemos).

Abutres louvam-te o engenho raro,
(tu, o claudicado às mãos do desamparo),
e um chicote voa na lembrança,
como um hino ao dia da raça.

Sonhos na beleza iguais
desembestam num redil de estrelas.
Mas tu sozinho no inferno acordas,
dissipado o meigo pó das quimeras.

Pedra no peito é bem que esbulhas
com um talento de rei da bulha.
Caído o bacano, era uma festa
testemunhada pelos fãs de V na testa.
Não, tu não podes nunca mudar de agulha.

## 14.

Planta-se a vida nestas encostas redivivas.
Que já foram chão de prantos e de cólera.
E onde mãos alvoroçadas de augúrios
embalam astros indolentes.

Tal uma grandiloquente irrefreável sede,
sorvem a água toda dos mistérios.
Mas quem navegou os labirintos
da prosternação
sabe que o mar verde tejo abaixo
é mais cerco que amplidão;

porquanto é seu o uivo que lanceta
este março de neblinas indolentes

coando as águas barrentas da matriz.
Não dirás, porém, que é decreto
imprescritível esse refrão que se afaga
à mesa tosca da consolação —

nós os apartados da diminuta pátria
imitamos a potril cavalgada do vento,
sua atada cauda ao labor memorável,
sem olvidar nosso quinhão de arrojo
e pranto, calculado à cabeceira
imperturbável da transitoriedade.


## 15.

Tanto remanchado sol aqui na eira,
e tu tresandando a decadência.
Corre um fulgor de oiro a lonjura
do horizonte, mas teu riso prisioneiro
dessoutro funesto fio, maior do que todas
as palavras acesas nas sombrias páginas
dos dicionários.

Entristeces. Nas ladainhas gritadas
nas tardes de pouca sombra. No halo
acabrunhado com que a luz encena
as tardias despedidas. No mar de cinzas
que sobrou desse incêndio derradeiro.

Tanto sol a bolinar nos turísticos
donairosos ombros, e tu tartamudo
e carunchoso no apogeu da queda.
Num bairro que a gula televisiva

ergueu em tumultuado cenário
de gamanço e tráfico.

Quem diria que pudessem ser assim
tão rotundas as tenazes do mundo
numa tarde de sol — mordem, ridentes,
ateando bíblicos uivos no ocaso aberto
à consentida lisonja dos amantes.

Não houve para ti nenhum suave vaticínio,
ó solitário adulador do tinto, soberano
e taciturno, a quem os moinhos da tarde
alçam ao âmago destas cativas sílabas,
sanguínea filigrana das minhas mínimas
indignações, átono remanchar
ao degredo altivo deste bairro.


## 16.

Na ressaca das luzes
faz-se a manhã rediviva
breve como um esconjuro
aérea mas provida de raízes
que tocam profundamente
a montanha de escórias
onde (e) ternamente jazem os amigos
unos com o dia santificado
admitidos à soleira da abundância
vista claramente vista num sonho
sitiado pelo nevoeiro
desses que a aurora sibilante
evoca como um augúrio a decifrar

então a tua pátria são esses turvos ecos
subindo em desordem sem outro desígnio
que arremeter contra a névoa ofuscante
que derrota a certeza de haver risos
e flores brancas e navegáveis rios
onde lançam âncora
as naus dos naufragados
e declina o orgulho em convulsivas vagas
tal a cavalgada dessas procelárias nuvens
sobre a cidade aberta à brisa
às leis sábias dos que a governam
às sirenes concordantes com os sinos
soluçando numa celebração tardia

ah tempo de felizes inaugurações
dos estridentes périplos
onde silenciosa apenas a humilhação
renascendo rediviva a cada aurora
decerto sem mezinha para o extermínio

acaso dizer isto velhos manes será ainda poesia
ou apenas esse desconforto que faz da veemência
que prescinde da piedade
o pão predestinado a cada inadiável manhã?

## 17.

Já não tínhamos provisões de encantos,
doces modos, a paixão da lenda
— galanteadores do abismo,
tudo queimámos à superfície do tempo,
nos degraus da fortuna,
no dedicado cerco às razões da insolvência.

Respigadores embarcados na rota da bonança,
parece que chegámos,
ali onde tudo é frágil e mortal,
mas agradecidos somos a cada manhã,
porquanto o sol se ergue soberano e quente
auscultando a alegria que faz por sobreviver
no coração da deceptude.

Porém, no frêmito do fumo
(um pobre lume era o nosso manto
na pensativa escuridão do arrabalde),
nem sinais carregados de augúrios,
um mínimo instante em que uma voz
com sua rotunda martelada
anuncia os portões do paraíso.

Há que admitir—
habituamo-nos demasiado ao inferno,
confiante que o reino dos céus
não tardaria a ser nosso, então ao assalto
das muralhas partimos com desembaraço,
num furor danado nossa epopeia escrevíamos
batendo maços e martelos
quais espadas demasiado perfeitas
para cantar apenas a melodia da devastação.

Foscos índios a um sol de quimeras,
lá vamos por fossos paliçadas,
pelo ar da manhã molhando nossas negras
carapinhas, gargalhando como desarvorado
intruso, com nossas botas enlameadas,
nossos surrados abafos,
escutando, escutando a canção do tempo,
recordando que nada disso é poesia.

## As irrevogáveis trevas
*(Peregrinação com João Vário,*
*Negro greco-latino sob os tetos da europa)*


**1.**

Não, joão, não é este ainda o tempo
dos *favores inclusivos* — aposta-se
a cabeça contra sina e aguarda-se
que a revelação não tenha o selo
das catástrofes irreparáveis,
sua viçosa perenidade.

(Assim falou aquele que sabe
que a liberdade não é um desígnio
assegurado, mas a sarna que nos morde
o lado mais perseverante das inquietações).

Porém, se em vãs provas asseveramos
"somos homens", o escárnio retorna sempre
com um fervor que amarfanha o escudo
mais incontroverso da nossa razão,
como certas amadas estações
ou a alternância dos meses
nas páginas escurecidas dos calendários.

E eis que perguntas com a alma tingida
de desalento — é nosso destino
debaixo do sol a súplica extraviada
avolumada pelas ciladas que na ilha
distante nos prega o mês último das azáguas?

Ah homem, que não careces nem de doçura
nem de compaixão quando atravessas
os lodosos valados da vida, de bom grado
a ti te negariam o sol e a sombra
se um leve pudor não lhes forrasse
por dentro a alma afeita às exterminações,
posto que certificado está: vetusto é o mal,
germina com tal abnegação e tantas máscaras
escolhe para se manifestar (sucede, como sabia
o filósofo, que tudo é repetição sem mistério
ou perplexidade) que é ofício-mor do homem
erguer peias contra a sua acesa desenvoltura.

## 2.

Assim ungidos pelo sal da sina
(como relembra o harmatão,
janeiro é o mês dos augúrios soprados),
erguemos na manhã de cinzas
o cântaro e o murmúrio
porque à alma basta o que não pesa
no alforge da posteridade —

torrão e torrente, o veio e a semente,
os dias de agudíssimos pasmos,
mais o seu perecível casulo
testemunhados na fadiga com que a mó

debita sua canção de parcos grãos;
dom, contudo, bem maior
que a voz estremecida do arauto
por entre os escolhos que mitigam
a clarividência.

Que favos colher que nos não lembrem
que tudo já é derruído — o ardor
e a hesitação, a graça e a nitidez
com que atravessámos os infernos
de tantas reiteradas tribulações?

Aos olhos da magnanimidade,
este é um tempo de errância e seu cílio
indiscutível palpando nossas veias
com a irrepreensível solicitude doutrora.
Porém, ao contrário do apóstolo,
é sem temor, mas em perseverança,
que uma pátria de alternância inventamos
pelos baldios onde desvario e inclemência
ateiam seu lume abominável.

**3.**

Com o linho do perdão a enxugar as queixas,
cruzam o domingo por hortas e taludes,
ao plácido vento que não refuta
as desditas acumuladas, o parco óbolo,
a plenitude amarfanhada.

Têm o lume da devoção; esse que prende
os laços que solta a perplexidade;
como quando, imperturbáveis, lhes ladram

a sua condição de expatriados;
inda seja o crepitar das interrogações
o tacho agreste onde se fermenta
a alegria do regresso.

E porque também são da casa de eli,
participam dos pactos com a sua candura
que não cede à dúvida: é a sua forma
de devolver o assombro, esse sino
que nenhuma cinza ou pranto calca
por sob a iniludível perenidade do tormento.


**4.**

De rompante fevereiro;
o mundo soluçante ou gotejando
— sei de todo este desconforto
pelo mercúrio gelado
na boca da manhã.

E pelas vagas quebradiças,
e pelo lume bruxuleante
cantando a aspereza
de um tempo inicial.

A eira onde o vento molesta
a indemnidade dos prodígios,
tal velocíssima manada
adubando o presságio,

solicita nosso parco fermento
de homens afeitos à temeridade,

inda as dobras perpétuas da candura
mal disfarcem os funestos vínculos
de estar vivo.

Mudo eu,
mudos fantasmas meus irmãos,
derivados e simétricos,
no desastre nos medimos,
com parco espólio regressamos

— branca morte infundida até à cerviz
deste sitiado corpo que nos aguarda
maculado pelos sortilégios da predestinação,
não padecendo, porém, mais do que
a adversidade propicia: fevereiro de rompante

tal pequenina habitável pátria
onde a escassez é um aluvião
que se derrama ao arrepio da benignidade.

Ouve, homem:
é o mercúrio na boca da manhã,
bruxuleando alheio à certeza da morte
e à árdua intermitência da dúvida.


5.

Sim sabíamos que aos terraços
da suficiência não ascenderíamos
nem pelo patamar da benevolência
pois na urdidura dos pactos
pressentimos a fraqueza da carne

e no entanto disseram-nos
a matéria da dor é por demais sublime
para que seja apenas um dom dos ímpios
mas glorificaremos o que lá do alto
nos aperta as jugulares
ou desacoitados gritaremos pelo ressuscitado
enquanto a danação nos afiança o governo
das províncias onde espumeja o manancial ?

outubro sabemo-lo é nosso inimigo
monda o páramo numa corveia infrene
ringe presságios no ar salobre
quando a incandescência era ainda
para nós um alfabeto a engendrar

e no entanto por sob transatos céus
magnificamo-lo por entre a severidade
do pranto e a altivez do riso
embora o celeste plumitivo houvesse decretado
a loquacidade a única arte permitida

mas tu piério escriba de giba enganchada
aos pináculos da insolvência aguardas
como a esses que magnificam o glabro arroto
da nortada o relâmpago que ateia o rastilho
à lucidez — árido mister que já não solve
as noturnas visitações ou esse donairoso sol
que pelos meses fora propagandeia o pobre
país onde sílaba a sílaba se morre
a benefício dos estereofônicos demônios
toda a tarde soltando acrílicas lágrimas
à silente fífia dos metais

## 6.

E porque fazem da increpação
um agudíssimo dom,
dobam na manhã assolada
pelo labor veemente dos martelos
a ira e o fervor,
escutados os salmos da consolação,
esse bálsamo que não ameniza
a urdidura imperturbável da penúria.

Porém, que fina peneira arremessou
os parcos dons do cadinho
onde noutro tempo e estação
avassaladores augúrios decifrámos?

Mas está escrito (e vaticinamo-lo
sem excessiva angústia ou mágoa):
somos homens de insular condição,
tal o sal, o remo, ou a perseverança
com que sondamos os recessos do infortúnio.

E se o acaso consente, sem desmedido juro,
seu quinhão de ternura amotinada,
assim lêveda verdura apascentada
à ombreira convalescente do estio,
nem da errância maldiríamos
com os olhos cabisbaixos, pois tal dádiva
ameniza o estrépito dos soluços,
seu legado vertido em permanência
como um mosto de antanho.

## 7.

*Não sei como dizer-te que minha voz te procura*
pela orla dos meses frios
quando os astros arrefecem
e interior ao lume
cantam as trevas dos dias iracundos.

Alto como um sonho estelar,
o murmúrio tremendo das raízes.
Levantado não sabes por que ignotos
prodígios. Até à leveza arvorada nos sinais.

Então a lembrança é essa rotunda
labareda. Arremetendo desde a inocência
do sangue — aceso golfar encharcando
os ocultos arquipélagos cerrados
por detrás das grandes massas de água.

E eu danço. Como um astro desorbitado.
Um obscuro animal das funduras. Uma
queimadura na paisagem que transpira.
Porque assim sou um puro poder
cantando teu semblante dealbado,
tua sina redonda atirada ao regaço
alagado das estrelas, para que tudo seja
o dom que sufraga a vida nossa
germinada por entre as trevas irrevogáveis.

## Cidade do mais antigo nome

**2.**

E chegamos. A este mar levedado de presságios,
sem razões, porém, para o desassossego.
Mas ronrona no ventre a água surda dos meus
medos, e é acidentalmente que a tarde
nos fala do inferno em seus ecos mínimos.

Entre aulidos e roucas encomendações,
o que a voz recolhe nega-se à indecorosa
grandiloquência do poema: dor é dor, arte
é arte — não cabe nos cálculos de glória
a carne desamparada ante o azorrague da ira.

Movesse ainda a minha boca para lançar
anátemas e indulgências; mas é um arroto
esteta, amestrada flatulência, isto que me sai
direito aos ouvidos viandantes adormecendo
à carícia mesureira de um vento sem além.

Estoica foi a tua alma face à amargura.
Angustiado o teu olhar nas súbitas aparições
corsárias. Sereno o teu carpir nas madrugadas
de flagelo.

Para quê, pois, poesia, quando contemplamos
a revelada face do segredo? Entreguemo-nos
antes à prosa da vida nas esquinas onde o cio
nos lambe os colhões como o sol de agosto
carcomendo o esplendor do primeiro verde.

**3.**

Solidão poeirenta — daqui do alto
do forte só o vento mensurando
os haustos. Pode fevereiro ameaçar
arco-íris, que nem o céu acredita
em tais prodígios —

aqui o reflexo da poeira
é molde que plagia
o engano do primeiro dia.
Ou isso, ou a mudez que rifa
os segredos da infância.

O suspiro dos flashes não reclama
eco nem retorno — nasce-se para
a perdição, inda aos primeiros vagidos
seja a mão de deus a amparar-nos o sexo.

Amores? Só os que perdeste sobre outras
areias, nas trevas onde se acotovelam
deuses ébrios. Agora a melancolia é digital
— manda-me o saldo das sete vidas
quando setembro aveludar esse trilho
por onde os aguaceiros rifam
a sorte do fotógrafo.

## 11.

Não sou dado às comédias litúrgicas,
nem nos templos onde se sagra
o futuro. Sofro, porém, as vozes
de um tempo novo na fala áspera do poema,
pífia gaita, mal ganida e gargantuda.

É ela que me puxa, desde os brejos
da alma, a voz sem mestre que troa
os céus da minha boca, simples questão
de acústica, afinal, anterior à ira
e à mansidão, decifrável matéria
para os destros escrutinadores de enigmas.

E é sentado sobre um adormecido chão
de crimes que me comovo até à raiz.
E não há fonte ou mar que não sejam
a água diluviana destes olhos,
disfarce de minhas caladas dúvidas
de homem perscrutando a orla do seu destino.

O trabalho da arte é sempre um esforço
secreto, em que o medo do fracasso é o
motor mais poderoso, asas que me dessem
em tarde de fumo denso, não pra longe
daqui voar, mas para melhor obturar
o que desde o alto se revela.

(Imaginavam-na sentada nos degraus do escuro
dando cordas ao desassossego
quando roucos sinos porfiam na exaltação
do nosso destino de afogados?
Se a treva à nascença é o penhor do cego,
como pode a arte furtar-se à revelação que sangra?)

**14.**

Não, não era a voz dos deuses que se ouvia
oculta na poeira de dezembro: tudo se recusava
ao murmúrio litúrgico que traz a infância
aos olhos compadecidos.

Aceito, então, esta porta para a solidão,
as vozes brumosas calculando a parte do arco-íris,
enquanto deus adormece escutando a barroca
litania das vagas roncando nas entranhas.

Quisera o alto orgulho dos eretos cantadores,
mas, com voz sumida e o corpo alquebrado,
é por entre a escória que cato o alimento
deliberado: agora adeus pura poesia, luzes,
foguetes, epopeias, janelas acolchoadas
para a pobre colheita de bênçãos

— não entregarei esta dor de séculos,
o destino urdido em chaga e sangue,
ao enlevo das suaves metáforas,
ao regaço dos altos promotores da alegria:

a voz que me incita vem dos açougues,
dos carnívoros púlpitos onde os altos dignitários
de deus concedem bulas e beneplácitos
aos capitães do odioso comércio.

Não era, pois, divina a voz que se ouvia
pelo dezembro desse ano, inda, na bisca
da vida, amiúde te assoprou ao ouvido
o prestimoso besouro de zeus.

## 17.

Cidade compondo fraldas sete horas da manhã
enxugando lágrimas duma noite mais dorida
bochechando farpas a jeito de recomendado elixir

correndo ruelas relavadas vozes narram
rudes ocorrências (ou nem tanto
que a pressa dispensa o desvelo saponário

ou a colorida tinta em que se finge
num requebro meretriz) mesmo assim
quero a esta cidade que não vem no guião

não usa colónia nem jaquetão
mas saúda-nos dos pátios de vida triste
que a malta avia em formato souvenir

não vai ao divã nem com freuds doutorões
inda em certos dias bata a acédia
num preságio temporão

despenteá-la com pingentes de ouropel?
ou nas alfurjas exibir-lhe o retrato
traçado à ciciada claridade de novembro?

melhor desenhá-la de perfil
contra o céu azul-anil
que é cor que não entorpece a mão


## 21.

Chave que abres a primeira porta
atravessas o bosque onde a solidão
é mais simples

tivesse para ti um nome
e seria donaire
tal alta ereta árvore
no pátio farejado pela nortada
anunciando um setembro
de vozes convalescentes

e por baixo
na obscura morada dos ossos
onde se abismam os terrores da idade
o equinócio desatando
seus moventes imperecíveis êmbolos

terrífico dom é saber
que o puro verão morre
a cada rotação
e unidos solidão e júbilo
luzem na treva dos anos futuros

seta que atravessas o ar
com a sangrenta doçura
duma inextinguível sede
e cantas no sangue
como um relâmpago veloz
terrífico dom é saber
que todo o prodígio
é irmão-gêmeo da cegueira


## 27.

Ordenam os novos construtores os escombros
da derruída sé — aqui frutificou um credo
antigo, as dores duma pátria nova. Concedo
que não foi obra de paixão, dos assombros

que o sangue engendra—um surdo tempo de
chibatas azouga ainda em seu alcance
imorredouro. E é inútil retocar esse lance
em que o látego estala num pulsar adrede —

cravados em meus flancos ardem o sol e o salitre
de Gorée, irrevogáveis sinais duma insubmissa
descendência. Mas, vós, ó lentos viris construtores,

que desconheceis os inumeráveis disfarces do biltre,
digo-vos: onde agora a tarde esse polimento de caliça,
floresceu nas barbas do divino um império de horrores.

## 28.

Se já canta no meu rosto
quase a cinza dos quarenta
tu há séculos que te escarmenta
do tempo o ácido mosto

que eu saiba nem a morte
é o fim de tudo — sempre
há um eco que nos inventa
na boca de quem fica e nos lamenta

uma ordem assim só pode
a poesia inventá-la
mesmo quando morto acorde
há um ruído qu'inda nos fala

(o esforço rotineiro
o tempo o torna ruína
só o verso certeiro
vence tão dura sina)

um anjo caído há muito
que mora nestas beiras
sob o céu azul fortuito
faz paciências pelas jeiras

vejo-o óculos escuros
triste acrobata do destino
segurando na mão o sino
dias irae desfocados duros

pudesse eu sentimentos puros
e não este torto desatino
em que assevero que o futuro
é fumo (não glória ou hino)

dele diria mais o garbo
que a surdina da ferrugem
quando combatendo a babugem
sou poeta de verso brabo


## 29.

Ao luzir da alba sobe a vara à montanha;
a cabra, a égua, o chibo, no verdejante
engodo duma miragem. Ébrio viajante
que unges com a ponta do cajado tamanha

solidão, como prover, à cautela, o sangue
de rebites para que nenhum brando grito
futuro negue tua natureza de proscrito,
pois foste transplantado em cursivo langue

desde as omoplatas de um fero continente?
Tu que desconheces a ciência dos números
e as insondáveis razões do ocaso, não cedas

ao doce engano desses que da negra gente
te querem apartar — rio de afluentes escuros
é o teu ser; ressumam por entre as quedas.


## 30.

Vêm nessa luz de névoa, e ainda nem
é madrugada. Compassivos amantes das horas
em que estrila a canora liturgia dos grilos,
humildes guardiães das primevas fontes
onde se dessedentaram cativos e mareantes,

o mundo escuta os seus passos destilando
um cansaço imemorial, e as inquietas pausas
veladas por uma névoa de partida. Eis porque
não anunciam o reino das cantadas vitórias,
mas os duros ferros com que uma pátria
se inventa.

Por vezes descobrem-se opulenta voz da tribo,
ungida nos pátios silenciosos do entardecer,
eles que a noite cobriu de desamparo
e são convivas diários da tristeza
na sua morada na orla dos precipícios.

Embora saiba que o destino ama as rotundas
efabulações, crismadas por mãos alquimistas
em liturgias barrocas, simples operário que sou,
laborando nas forjas infernais, soldar os ossos
com afinco metalúrgico não me resgata da sina
do fracasso; mas deixai que no desarrumo
destes versos eu vos sente, ó meus rudes ancestrais,
como escuros deuses em seus tronos de mistério.

**34.**

Das cousas que medram nestas ribeiras
faço-vos, senhor, a relação: a frondosa
mangueira onde a gleba é mais humosa;
nenhuma fruta do reino, miradas piteiras:

só de vê-las, emurchece meu coração pulcro.
Poucas fontes há nesta terra incandescente;
impróprio é o chão pra quase toda a semente.
Lhe digo, senhor meu — daqui grande lucro

não haveremos, mas angra é muito boa,
acoitada de ventos: talvez se faça uma
pequena lisboa — sob o sol que verruma
a terra, não há doce lembrança que não doa.

Dezembro é claridade jugulada pela bruma
— a cada hausto, é a poeira que ressuma.


**36.**

Corre pelos ermos o som das avé-
-marias, rogos secos, um timbre de
agonia, pois aqui pouco a vida pede:
uma cova rasa onde ainda cair de pé,

a servidão do escuro quando o dia
se despede; a glória do suor nos campos
verdes de setembro quando os pirilampos
disputam o macerado fulgor do fim do dia.

Mãos de febre remexem a estrumeira
que às várzeas revivifica. Nas colinas
de sono erguem-se urbes fotosféricas,

que o dia transmuta em ecos, poeira.
Que ínvias leis, ou procelas uterinas,
entregaram-te a estas glebas cadavéricas?

**40.**

Que dia ou maré alta,
quando ver a tudo entristecia,
instalou aqui sua lavoura de vazio?,

pois embora o céu seja novo
por sobre as várzeas,
desde os abismos equinociais
palpita a morte
num travelling ininterrupto:

não há idade que escape
à afogada rotação,
à flor bubónica orbitando
a vida; e, que eu saiba —
terror, pranto, sobressalto.

Então escrevo: terríveis são os dons
quando a insônia aleita a palúdica
linha do destino. Eis porque um deus
inábil na troça e na lisonja só pode ser
*"um reles ladrão de cinzas".*

Justificado o assombro,
nas tuas mãos, um antigo

império de fábulas arde
que nem sempre o passado
é seguro ombro
onde se escora a orfandade do escriba.


## 42.

Tu já não podes saber
em teu trono de fuligem
que és esfinge no pó do mundo

mas a erva é verde e a tarde cresce
prometendo-nos
um reles milagre de cinzas

que saber que não souberas já
agora que a um fogo frio
te entregaste

como se novembro
fora o aguardado inimigo
não a morte nem o tempo

pois toda a vida
é erva que cresce
sob o vento da Sua língua

e nada há para resgatar
senão o peso
duma insofrida dor

negro novembro de bafo a cieiro
não mais direi amor ou erro
que toda a vida é nunca mais

**43.**

Que olho invidente — janeiro, escuro
pleno, o mês em que a poeira é treno —
te poderá dizer ainda: aqui é o lar seguro?
Mas buscasses só o antigo azul sereno,

que não os fios deste tosco enredo,
que imortal mão te guiaria nesta vigília
em que até o cativo eco é armadilha?
A verrina do tempo, sua grainha, concedo,

é um dado da experiência, como este radiografável
esqueleto que levo arpoado à vida — ainda
tem a chispa com que ateia os múrmuros desatinos,

as minúcias com que revela um rosto incartografável.
O eco que apascento, com diurno fervor, só na vinda,
domados os agudos, é matéria para cânticos, hinos.


**44.**

Quanto vento arremessou a poeira
da tua solidão? Que preces se calaram
nas bocas escorchadas dos mortos?
E no entanto, donairosa envelhece a tarde
agora que os seus fulvos calcanhares
singram as várzeas derradeiras.

Demo-nos um novo começo na voz
áspera das ribeiras, nas madrugadas
de conjuras, nos tropeços destes versos

que não pedem meças às aves alquebradas
pelos langores doutros céus.

Antes do verbo já eras carne,
e corpo de rapina mercadejado no pelourinho
onde vinham bater, na voz dos negros arfando,
já não o sol das áfricas, lêveda lembrança da pátria
ancestral, mas a imorredoura noite da alma,
abismos animados pela fêvera voz do terror.

Sem a altivez dos cantadores de vozes felinas,
sou um pedinte desabrigado nos embolorados
pátios da história. E nada me pesa mais
que o olhar falcoeiro que te deitam
desde os rapaces gabinetes de fomento.

## 47.

Como lembrança que se insinua
na flora acesa do crepúsculo
com a alada gravidade
de um pueril deslumbramento
retrato do olvido
canção sem nome

eis-te à esquina triste do poema
branco fantasma tumultuando
a vigília nos empardecidos
pátios da história

de novo me dirás a áspera ternura
irmã da ira ou tão só a escura cinza
dos presságios trespasse dos delírios
urdidos sem paixão nem fúria

que esquecer que não seja
o que fica além do verso
oculto tremor celeste desalinho
inacessível às palavras incensárias
que um dia segredaram
com suspeitosa mansidão
um nevado país a insinuar-se
no rasto obstinado das cassiopeias
agora campo vedado
aos toldados vaticínios do futuro?


## 60.

Sagra-se na pele um império de sombras.
Mas saldar a toxicidade do tempo, requer,
cidade, surdos decibéis de alarme a crescer
por dentro de um corpo entaipado para obras

— não é da natureza do que cai furtar-se
ao desconforto dos hematomas que tantas
vezes espigam onde a dor vem deitar-se.
Agora entendo porque o afundar sereno cantas,

e nem uma única vez cedeste ao prodígio que
ressuscitou lázaro — nada como a morte
amadurecida matinalmente entre os lençóis

da tua cama: o ignoto porvir não endossa cheque,
nem aveluda o pez que te coube em sorte —
descampa-te os mil poros ao clangor de sete sóis.

**66.**

E se tudo for ilusão e o mundo não
se move como o mutável heraclitiano
rio? E se tudo a simples efabulação
se resume, e não passam o dia e o ano,

e as brancas cãs apenas sonho de sonho
são, pois insonora a trama que governa
das folhas a renovação, e a ti o cenho
te faz franzir, e ao brilho a poterna

faz suceder num imutável transcorrer?
Mas tu, cidade, que existências efémeras
hás de viver, desde as rotas do tráfico

às promessas de um sonhado alvorecer,
sabes quanto a vida é pesadelo, quimeras,
quanto da tua pátina é choro e não cântico.


**68.**

Se toda a felicidade
porvir do luto
não penses na flor da idade
que és tu o mais astuto

o tempo tem as mãos compridas
tanto ao justo como ao iníquo
cessa do coração as batidas
põe nas veias um rouco clamor oblíquo

ninguém jamais ouviu seu sinal
pelos ruivos céus do entardecer
embora digam que é lei universal
todo o vivente encanecer

(conceptualizá-lo tentou o de hipona
lá onde razão e método jazem calados
o de königsberg em mais de meia jorna
analisou a questão por todos os lados)

leves de pés são o amante e o ladrão
só o tempo viceja com vagar
ali onde haja sol e multidão
sua voz é como ganso a grasnar

não o enfrenta nenhum exército
inda pense o néscio que detê-lo seja possível
pra onde segue não leva séquito
nem seu avanço sucede em tropel audível

não o detém a boa estrela ou a má fortuna
nem o humano amor pela alta glória
segue o tempo o seu rumo como uma escuna
e ao seu rasto chama o homem história

## 71.

Não convém saber que existe a morte
antes do poema; que a nora de um dia
leva sonhos e glórias: para o teu pobre
ofício bastam-te as pedras e o pó,
primevos e irmãos, nascituros a cada alba.

Não convém saber que a dor explode
em tão dissonantes harmónicas;
que o amor é mais alvoroço que indulto:
para a tua perdição basta-te o solerte
assomo da bruma, bravia vaga que cunha
baixios e corais nos desvãos da tua alma.

Não convém aulir ao mundo transitando
à tua porta; nem aos que dançam
nos terreiros doutra festa: o tempo de conhecer
requer a mais alta solidão e um fundo mergulho
nas nascentes de ti mesmo.

Não convém apascentar o cão da ira
à trela dos bons sentimentos, nem esperes
que deus responda às tuas duras imprecações:
sê o solitário pastor da tua dor e obstinado
vigia dos segredos em tempo de danação.

Exuma dos labirintos do porvir o perseguido
ignoto rosto e estende-o ao garboso sol
do mundo, pois nenhum outro foi antes de ti
inventor ou arquiteto. No entanto, convém
saber, esta é a tua única irrevogável sina.

## 73.

Nem caronte nem repiques — é um
pobre morto que vai adubar a terra;
amortalhado pelos ganidos desses
que em vida nem falsa ternura
lhe consentiram.

Já não colhe a luz nos muretes
como fava de sua lavra —
vêm anoitecer-lhe nos olhos

sombras compadecidas; ménades
de mãos de oiro tingem-lhe o sexo
da extinta cor das arcádias.

Dai-me uma pátria assim pedra,
assim vento, mínimo eco contra
o céu da minha vida onde anjos
pasmosos congeminam novas bárbaras
trazidas ao colo da insônia
ao sereno desta angra.

Aceita estes frágeis dons, humílimo morto,
já sem palco para voos teatrais,
as molas destes ferrugentos versos sem plumas
são o mestre que te ensina a saltar o antigo largo,
chão de sevícias, onde alvos turistas
ofertam ao sol as partes enxundiosas
não garimpadas pelas solícitas mãos do fisco.

**74.**

E disse o cego cronista: nos campos
nem gentes ou voz de mando,
nem alimárias no verde escasso,
mas a língua solta do sol
é a fala que mais se ouve.

Já tenho a pena ardida e o verbo
sufocado, nos ventos desirmanados
ergue-se a poeira em triunfo
e o meu sono é eriçado de bocas
tragando o escuro.

A vida pesa nos mínimos gestos,
a tarde vai sempre de fugida
por um arrabalde roubado à cauda

do escuro, umbilical à treva sobe-me
à garganta o ronronar do mar imenso.

Foi um sonho louco esse que aqui
nos trouxe, talvez sinais da providência,
obscura razão que nos fez dobrar
tórridos cabos e o mar sinistro.

Raisparta a metafísica, mas fabulosa
é a arte de morrer por entre o doce incenso
e os votivos pálios, porém, senhor meu,
os que se vão não te saúdam, tomai lá
deste manguito e com ele vos locupletai
pela eternidade da vossa fome.

## 75.

Posta-se a solidão à cabeceira do teu
nome — voz alguma, nem a do escuro
tombando onde a luz da tarde esmaeceu.
Talvez seja este o destino do impuro;

do que vocaliza a bastardia do sangue
pelo embaraço das nuvens desembocando
onde já não importam nem de fernando
as ordens, que já tudo é voz exangue.

Com o pincel da bruma, esse calígrafo
indelicado, induz-se uma piéria lufada, bafo
que mela, com o precoce calafrio do rum,

as aclaradas razões da mudez. Se um zunzum
se ouve — é apenas o céu a rifar as penas
com que na despedida, tu, cidade, nos acenas.

## 77.

Raras vezes a fúria entrou assim tanto
em meus versos; pede-me, sobre este
salitrado chão de tormentos, uma liturgia de vida;
e eu socorro-me da névoa que vela a madrugada,
do orvalho roubado às folhas matinais,
para dar uma consistência de realidade ao eco
ainda sem rosto pulsando na fulguração do poema.

Então fujo de mim para as obscuras fronteiras
da escrita, com um alfobre de salobras perguntas,
essas que procuram nas linhas que desenham
um destino, como a cigana de murillo,
os contornos da pátria a haver.

E é assim que concluo que nenhum segredo
é revelado ao que não demandou os obscuros
poços do esquecimento, tal o bíblico grão
que morre para germinar e frutificar, ó mãe
que com a tinta do teu choro aleitaste não
a primavera do mundo, mas este coração dissonante,
provisório ancoradouro da anunciada despedida.

Outro que desconhecesse o rumo dos temporais
tingindo o poente dessa música convalescente,
ou a exatidão das cicatrizes no lado mais escuro
da alma, traria de novo o eco dessa peregrinação
de séculos, cantada sina do que fomos ou seremos?

E eis que conto agora pelos dedos os revelados
sinais da tormenta, da angústia da partida
*"no quente coração dos corajosos homens"*,

ó naves, aves, velas, quem desde a orla vicinal,
gozando o fresco olor do manso arroio,
poderá acusar-me de vã retórica, ou de não ter
dado voz à dor de gerações inumeráveis?

## 78.

Curvo-me ao obstinado peso das raízes.
Mais alto porém se erguem os morosos frutos
da inquietude — por todo o meu corpo
animais em deserção, bélicos murmúrios,
impendentes murmúrios, desdenhada fortuna.

Não sei de barcos, nem sei de pontes
para outro tão melodioso território.
Afeiçoados ficaram os olhos ao sonhado
verde dos campos; derrotados sob o
adivinhado zelo do sol; por quantos dias
a ilha estremece ao clangor da sede e da ruína.

Deram-lhe navegadores nome de santo,
quando à vista das angras lágrimas
e gritos se confundiram. E na hora terreal,
feito o sinal da cruz, divisa de quem
por tão longes terras os mandara navegar,
um destino de penumbra ali se traçou.

E ficámos náufragos, irmãos dos chibos,
pela ocidental terra que o dia já desnuda.
Pelos sinos da matriz avisando da inexorável
aproximação dos corsários (um tempo
de rapina subjaz ainda na memória desses

anos) eu vos saúdo, velho cadamosto,
diogo gomes, antónio da noli; eu vos saúdo
desde esses picos de sede de onde a noite
mais veloz se confunde com os desfraldados
estandartes da alegria.


**80.**

Quem te disse adeus quando a manhã
se incendiou para o lado das searas?
Mar ao fundo, pobre horizonte de turista,
agora que a borrasca interdita
o polimento da alma nas escadarias do passado

— fica o hálito, um rumor de véspera,
que não chega para acender no coração
o clarão da culpa, pois onde o látego
é consorte e o desterrado sonha
uma pátria improvável, não chegam
dos deuses o juízo e o preceito.

Quem pode, caminha até ao largo
onde o mundo arde em penas virtuais.
Mas tu não precisas de razões
para saber que nenhum cromado
polimento ilude a tua salitrada vocação
para a queda, desígnio que ombreia
com o tremendo rasgão do vento
desacoitando os óxidos embutidos à nascença.

Mesmo se tudo é cinza e passagem,
a ti, negro lázaro, que para uma segunda

morte hás de nascer, oferto estes frutos
do fraco engenho, mudável reflexo
da vã alegria, fogo que ardesse
do princípio ao fim do mundo.

## 82.

"Então erguemos uma morada
junto à costa bonançosa,
sob um teto de altas nuvens",
concluiu a voz,

"e à terra demos o nome de ribeira
grande, por mor das tumultuosas águas
que por ela descem caminho do mar.

E cumpriu-se então, aqui, nossa sina
obscura, tecida pelas inextricáveis linhas
com que se inventa uma pátria."

E se agora te nomeio, ó senhora da melancolia,
com os rasos signos da poesia,
é porque nela vivo para a futura morte
de tantos dedos, tal essa magnificente mulher
voltejando nos soberanos pátios duma ilha
onde pulsa o calado fulgor do amado rosto.

**Desarmonia**

**1.**

Jornadeei sonetos este novembro
coisa assim não me alembro
embora desde as neblinas de setembro
vozes almocreves me crescessem dentro

sem dolo pirateei (que na arte
não há outra lei) grande assim assim
e nem deste modo o tormento teve fim
(quem te mandou a ti negro calafate

ousar o donaire que do florentino
a aretino tão alta lei se fez?)
perdoai nobres fiscais este erro desatino

prometo dedicar-me somente ao pez
na minha lavra nem grão de fino
por isso não me pedi arte cortês

**2.**

Erro, dissonância, qualquer coisa
assim como uma desordem arterial.
(Como saber se a morte que poisa,
dedo em riste fuzilando a parietal?)

Eu, porém, confiava em vagos versos
(demasiados pra tão curtos sentimentos),
e é a eles que regresso, dedos lentos
soletrando essa litania de conversos,

em que o metro é o polícia sinaleiro,
quase divindade que em outra vida
hei temido (por isso este jeito mesureiro),

mas certeza alguma guia esta lida,
nem o medo derramando-se inteiro
sobre a escura trama a que chamam vida.


**3.**

Tudo no poema é vero e sentido
estertor berro cãibra tudo é final
que contrabandeia a pauta qual
eco repetido ou fugitivo estampido

piéria voz decadente e glabra
que esta rupestre moldura guarda
tudo é esta pobre música em que te vens
pobre poesia que nem o pagode já entreténs

rilkes em muzot perscrutando o adriático?
rimbauds negreiros estações no inferno?
só o meu vizinho e o seu berro ciático
sempre que o calendário assinala inverno

digam lá se a poesia fez ou não progressos
(enquanto com o mindinho sondo os recessos)

**4.**

Poesia, senhora de mim, com que silêncio
ainda me falas no mais escuro destas salas?
Eu sei que já não são esvoaçantes balas,
nem menos letais armas, os tropos, a inventio,

mas porque calas a dor que ainda minto em
palavras, pensamentos? Se por ti pergunto,
já não estás, nem o medo da morte é assunto
que te inquiete. Trama alguma aponta o além,

pois tudo é rasgada porta por onde o escuro
vem. Oh, escuta o som das extintas orações;
quem, mesmo obscuramente, não saberá

que de harmonia já não falam? Puro, puro,
só o remorso de ter gasto a vida nesta espera,
sem palavras com que dizer adeus às estações.

**5.**

Ao soneto aportei, influência do podólatra
paulistano. Se ao baixo pé me fixo agora,

isto já é outra estória — fraco geómetra,
errei palco e sombra; lá onde o vento chora

foi-me lume a manhã de inverno. Na poesia,
programático, desgoverno é minha vida: pobre
engenheiro serei onde só oficia escriba nobre?
Impenitente fugitivo da certeza, dia a dia

assobia a escura atroz dúvida se vez alguma
saberei da alta poesia o vão segredo. Tudo
porém será explicado, ó milagre do raio xis,

quando o lente decretar, olhando a turma,
tíbia fraturada. (Cá pra nós — mui sortudo
foste, meu coirão, por isso não tentes o bis).

## 6.

Agora sinto a manhã à flor dos ossos —
aos guizos de outrora, estalam-se músculos,
tendões, como se por antiquíssimos poços
fora a dor maré em minhas veias. Pulos

que desse, seriam só upa upa entre lençóis,
inda vermelhos sóis a trote e passo pelos
campos de torpor, embora de ígneos girassóis
esse jeito dengue de saudar o dia. Refi-los,

pela química ferozmente lírica, alvorada de sons
atiçando a combustão. Ao destino arborícola
só pernas pra jornada peço, e crinas de espanto

na adivinhação do rumo. Ó manhãs de tons
inúmeros, mereço minhas penas de cavernícola,
mas não alvoradas de fogo em escuro canto.


**7.**

Pela luz de névoa, já o sábado é fumo
(adeus, ó semanal passeio ao parque,
com minha filha feita pequena joana d´arc),
mas pela tinta do escuro invento um rumo

pra meus pés já a toda dança arredios. Já
o mar só o conheço pelo azul que houvesse,
pois seu potril galope rouca ária que fenece.
(Ao manco esta é a música que o deus dá).

Oh, quantas vezes dei ao pezinho, quentes
noites de estúrdia e canções tristes, agora é
outro o som cabriolando em minhas veias,

rouca onda de angústia que claras lentes
medem, mas motivo único és agora pobre pé,
mai-la churda gaze em que dorida te enleias.


**8.**

Gramo teu pezão, me diz a dondoca;
eu, alanceado ao tesão, sou alazão
fogoso, garboso no trote e no esticão,
rumo a essa mal amanhecida toca.

Nem mão com lenço para as dores
do adeus, nem pés à poeira desenhando

o justo rumo — já sou osso baloiçando
em descampada feira de horrores,

mas pra pretinha minha boto meu pé
no prego, mato dragão se necessário,
até fé em deus finjo. Pura inocência

se chamava, trabalhava num escuso café
da esquina, no minete fúrias de corsário
punha. Eu incréu não quero outra ciência.

## 9.

E agora, josé, que estribado vais num
único pé, para loja e para o café, igual
esse verde sabiá que viste lá no pantanal,
sempre haverá quem te convide pró rum?,

ou já só escutas o zunzum dos que lamentam
"coitado do josé"? Da planta aos artelhos,
todo eu sinto a manhã voando pelos quelhos,
mas, nas dores que os versos reinventam,

atenção ao metro, que este soneto, apesar
de louvor ao manco pé, ao bardo aretino
tira o boné. Método sagaz, diz o mattoso,

é dar um passo atrás, à frente dois. No calcanhar
posto, intento a técnica; mas, ó irrevogável destino
de vate indestro, não logro mais que avanço tortuoso.

**10.**

Coube-te em sorte esta gleba sonolenta.
Onde a luz recua — diáfana escuridão —
desossa as várzeas que prístino furacão?
Eu sei — todo o alto terror amamenta,

como o rio da tua infância. Na cadência
com que vareja esses céus tão longínquos,
faz de todo um século pobre pasto de iníquos.
Dizê-lo — antigo exercício de eloquência

que exaure a paz defunta dos povoados.
Mas uma língua é o redil onde se cresce
e se morre com os pulmões ungidos pelo trovão.

Na insidiosa solidão, a que coagula recados
e preságios, triste a pátria que assim fenece
(predisse que auriga?) sem murmúrio nem paixão.


**11.**

Do amor dizer seu ser bissexto
escuro tormento verrinosa erupção
que sob a pele nos abre alçapão
em modo vertiginoso e lesto

como estátua em meio ao parque
perdido no escuro e no nevoeiro
dos céus sofro decreto inteiro
falso super-homem indestro clark

importará perfeita armadura contra
felino assalto em humana forma?
por cada lanho a alma se faz outra

nem celeste brilho nem sombria trama
mas vasto armazém descolorida montra
onde vez por outra se acende uma chama


## 12.

Sem defesa, é o arpão do cio:
onde a noite e seu decurso,
faz a seta o seu percurso,
por nevoeiro ou mais frio.

Tem espias mesmo de dia,
quando sol e meio-dia
e traça a faca em syguirya
culpa, vertigem, viva guerrilha.

Cavo som de brabos rios,
que dique algum apresa,
tece nós, corredios fios,

ou apenas essa fome que retesa
lassos membros quais pavios
em roucas ilhas de pobreza.


## 13.

Posso mesmo dizer-te que gramei esta
foda? Repetir em linguado (ou filete)

os viris uivos que mais que ardor deleite
foram? Caberia em dicionário a lesta

batida em que a seta jamais erra a fresta?
Mas um torpor me vara a língua em que me
alonguei até ao fosso. Fora eco que redime,
serias só cândida lira na nascente floresta

de espinhaços. Cem foles, porém, não são
metáfora digna pró árduo sugar do piço
descrever — se acontecia faltar-lhe o viço

arengava-o num trejeito meretriz — lição
de bem foder me deu esta pura niña
pelos couvais onde a poterna se aninha.


**14.**

*os trabalhos de amor são os mais leves*

Fernando Assis Pacheco


Os calos do amor são os mais doces
de quantos nesta vida nos atazanam.
Se a funda dor de existir não enganam
(bípede inquieto e dividido não fosses),

os terrenos padecimentos sempre fazem
mais leves. Se por vezes esse dó sem eito,
subindo das vértebras até ao peito,
em vulgar rima na boca o trazem

bandos cegos na selva do entardecer.
Fora só o manso fogo que nos consome,
mesmo destino incandescente, que fazer?,

como Orestes perguntarias. Filho da fome,
à maneira de vulgar cantador de feira,
dir-te-ia: é fundo mistério tão doce canseira.


## 15.

No exato perímetro onde o corpo dorme,
é momento de a sombra estender seu inexato
manto, pequeno teatro onde apenas num ato
a vida decorre, náufraga barca, voz disforme,

imitação imperfeita do que fora vivo enredo
das conquistas quando o terrestre lume
lavra na forma de uns olhos quase gume.
Então, no branco profundo coração do medo,

sou errante ave no destinado inferno
do amor, que não sei de que lado se
desatam os enigmas e os segredos, razão

deste eco, deste nome quase eterno
que apenas em pó e cinza renasce
sob os luminosos céus doutra estação.


## 16.

Ei-la, pequena corça, caçadora
ágil que me embosca o coração.

(Oh, ternura de assalto também não,
no casulo imaginário com que pura

poesia sonho). Não mais a paz delida
que abafava os domingos, mas esta
filha que um calor de festa empresta
aos duros tormentos desta imóvel lida.

Não mais o polvo insone segregando,
em treva e tinta, sua febril morada
— algum azul de vez em quando

(da cor dos olhos da corça alada),
mesmo se ao frio bramando
pátria futura já sombra escalavrada.

## 17.

Pinto-a à luz limpa e dura
do verão, altura do chão quase,
gestos veleiros rasgando essa gaze
com que a manhã se emoldura.

É ela a comenda e a medalha
desse fazer-se ronceiro, sem vertigem.
Flor-menina, cubro-a de fuligem
para que da vida saiba a suja navalha.

Onda, brida ou somente meio-dia, corre
indómita pela casa, no galope das pernas
inda bambas firme vocação de torre

já se adivinha. Telegrafista de penas,
sabota-me a cifra essa exaltação pura,
sua tez embora cor da manhã madura.


**18.**

Já mickey mouse me chamaste
buggs bunny de sorriso e uniforme
e todavia me trai esse nome
gritado em rouco gramofone

pois a memória se não suspende
nesta hábil garatuja a ouro
cada letra sabe a látego choro
que à largura da folha se estende

tudo neguei ascendência signo sangue
nome cintilando em quadro de honra
retrato mesmo em pose langue

e esse rosto que por mim cora
quando o peito esse vivo bang bang
(escuta é meu coração à nora )


**19.**

*Leva sol na garupa/ o poldro desarvorado.*
Agora sou eu o cavalo trotando os valados
 — à feira levo pobres versos mascavados,
que não passo — hélas — de vate deslustrado.

Sei da pressa que se faz vara em teu dorso
sem xairel — xadrez de estrelas por samarra
houveste, tu que ao verde vento da barra
foste meu imbatível navio de corso.

Cavalo és, mas de cavalgar campina aérea
— de um destino de miséria vais fugido?
Se te evoco, ó pobre relincho, com piéria
voz, é porque tua brida fogo renascido.

Tu, alegre ucello, traze a tela e as tintas;
fá-lo com inocência, mesmo que mintas.

**20.**

Março. Arde o dia a um sol de febre.
O que dizes tem o fulgor de caducas revelações.
Mas as contas do passado voltam sempre
para escavar no sangue seu tributo de canções.

Não escrevas com inocência, que um lobo uiva
por detrás de cada gesto que ameaças.
Não vaciles, não recues — em toada ruiva
avança firme, imitando antigas danças.

Ao lugar não simétrico onde descansa
a fúria, confia a inventada vera vida,
incoincidente com essoutra terrestre e lenta,

a indecifrável voz movida. Numa balança,
coloca do mundo a prosa e a medida —
teu, apenas o que nesse intervalo rebenta.

## 21.

Nos lugares de treva acendes a promessa
— o temor dos relâmpagos ficara muito lá
para trás, nos vales onde o medo vela.
Onde habitas agora, obscura citadina travessa,

nem os cílios da lembrança revolvendo
o esquecimento — nestes dias de desolação,
em que o lamento a mais fiel canção,
és apenas errante emudecida ave ardendo

ante as cambraias do desassossego. Talvez
um deus mortal te devolva os crepúsculos
e as alvoradas, a fulva doirada maciez

dos campos onde os mais perfeitos sulcos
viste, mas anoitece na cidade e era uma vez
o pétreo país que já nem alcanças aos pulos.

## 22.

Nublava o domingo. Murmúrios benignos
decifrávamos no borbulhar da lama. Embora,
*por lá, o nevoeiro um augúrio temido* — dessora,
num veredito silente, como a neve nos apeninos.

Eu canto a mão no arado, o vento sussurrando
nos taludes o sanctus e a sabatina, aguaceiros
pondo fim a refregas, o splash que pelos bueiros
saiu quando num serão de lágrimas, borbulhando,

uma nascente rebentara sob a casa. Tu assustaste-
-te, pobre bicho, mas nós com a água pelos joelhos
o esconso futuro salmodiamos tinindo as enxadas

como um esconjuro celeste. Eu, a quem mais amaste,
mas sobretudo traí (o teu deus, os severos conselhos),
acolho-me de novo à magnanimidade das tuas enseadas.

## 23.

Ouvi cedo a murmuração do desastre;
o amor declamado em surdina ouvi.
Tu que a noite do mundo desbravaste,
não faças da verrina do tempo álibi,

nem do amor digas era uma vez: puro
ladrão de mãos de veludo, seu assomo
é helicoidal destino do poeta impuro
patinado por sete gerações de fumo.

Ouvi cedo o recolher dos deuses;
a saudade de marylin numa canção
baldia. Mulher que vens de onde

nem chega o salitrado eco das vozes,
não empenhes teus dias à lamentação:
do breu futuro nem um eco te responde.

## 24.

Que de vós, aves minhas, como meu
pensamento estendidas por céus de que não

sei azul ou brisa, ou tão pouco esse véu
— outonal hipótese — que adeus é do verão?

Que de vós o frêmito a estilhaçar-se
nas duras dunas, onde imponderável
o susto, mas nem uma prece a elevar-se
na sua lentidão de sopro quase arável?

Outros céus por vós clamam? Mais azuis
dias, alheios à certeza do declínio? À luz
desta chama que agora os brônquios queima,

lembro-me de quando éreis náufragos pelos pauis
ou imitando o rouco vaivém dalgum alcatruz.
Se já mortas, porque vosso frio halo ainda teima?


## 25.

Que me digais agora, ó aves, aquilo
que não disse no poema. Que vos vades
em tão medido voo, em meio ao tranquilo
céu, é só o cortês modo de inventardes,

nas falsas palavras em que o amor arde,
o triste lugar onde o futuro se apreça
em euros. Mas o que fica é sem alarde,
qual náufrago que pela tarde regressa

com o mar rebentando pelas artérias.
Lírico embaraçado, como enxotar o rio
que me sobe pelas pernas? É deus que

contra as margens se assanha? Ou matéria
de sigilo os ossos emparedados pelo frio?
Inventada vida, pobre matéria de saque.


**26.**

Que razões sustentam o voo de um sino
declamando *"a equação celeste do destino"*?
Raros os dias em que a sina escura
não grafa nas veias uma lei mais dura.

Mas faz da tua vida uma arte de recusa:
da pátria, em que célere te amortalham,
tu que só nos versos os sinais que salvam
vislumbraste (aos órfãos da antiga musa

confortará qualquer placebo edulcorado);
da fama, que é a subtil cília com que
tentam domar teu verbo escuro. Giza

com a tua fala o incomum destino anunciado
nos levantinos portos de embarque — a vida
é o que desborda deste molde de decalque.


**27.**

Reinvento-te agora à altura de um país
de musgo, disposto ao erro e à perfeição
— eu sei que nem sempre a vida razão
dos flagelos principais: mais fundos ais

nascem por vezes dos abismos da escrita
(supunhas o polvorento dorso do harmatão

o galho onde o divino empoleira as bênçãos? ),
embora nem toda a noite o verso é grita —

o duro ofício de escrever requer mais do que
a tinta em que evoco um passado que é névoa
na memória. Porém, se eu gritar pelo real,

que vivo louvado deus me trará mais do que
o embolorado eco que na memória ecoa?
Não importa se só na canção és o verde país ideal.

## 28.

Também, vós, sobrinhas minhas, haveis
bicicletado vossa alegria, não em fofos
selins de veludo, mas em duros lombos
jumentais. Se em moldura já não cabeis,

é porque vosso pedalar furacão que não
anuncia meteorológico boletim de tevê —
quem em vosso sôfrego alancear não lê
explosão de fotões nas dobras do coração?

Tornado em que empenho sossego e siso,
vosso riso, claridade pura, tensa linha
subtraída à usura. Seu secreto fulgor de oiro,

nenhuma lei da física explica. O rouco aviso
do tempo, com seus ácidos e grainha,
só em mim semeia as sementes do desdoiro.

**29.**

Várzea de danados; silente umbral
onde a luz esbraseia a falange.
Pequeno país soletrado com voz exangue,
em que eternidade apenas a da cal

polinizando os ossos. Sequer a ervagem
amodorrada cunhando seu pobre legado.
Inescapável destino, o de todo o afogado
— aguardar de giba ancorada à margem

a céspede deposição do tufão. Crê: todo
o perdão é tarde demais; a nenhum
morto dissolve o coágulo, a cicatriz

que desossa até a alma — pressente o lodo
o assobio do sismo antes que anjo algum
soletre as esboroadas abcissas de um país.

**À memória de Hélder Gonçalves**

Ficaste domiciliado no oito oito sete,
pequena pátria, estreitíssima casa,
o fim de maio estava cá uma brasa,
mas vir ao teu enterro não foi frete

nenhum, pá – vi a gente alegrete entre
um elogio e um lamento; havias de ver,
lisboa, o tejo e tudo nesse entardecer
em que a malta veio dizer-te até sempre.

Se algures te saírem trevas ao caminho,
diz-lhes que levas o claro sol das ilhas por
companhia, luzeiros da senhora da agonia.

Havemos de conversar em tom baixinho,
quando lá em cima ou cá em baixo o calor
apertar, ouvindo o relato na velha telefonia.

**Coração de lava**

**1.**

No princípio também era eu,
entre pedras e escórias, vacilante,
(calma, leitor, a queda será mais adiante),
tartamudo astro sem apogeu,

bafo seco, por mais molhado do alto
mosto destas chãs. No princípio eram
as águas imémores, depois eras tu,
marujo andante sobre a neve de um sonho.

Talvez jamais tenha havido princípio,
e a ancestralidade seja dom do que se planta
sobre o promontório do seu nascimento
e aguarda a melhor das marés,
a que varre a graça e a dúvida,
e é apenas a tinta do tempo
clarificando os sinais barafustados:

de alto a baixo uma massa fremente,
coroada de toda a força que friamente
abalasse o sono do peregrino.

No princípio era eu atirado às encrespadas
correntezas, e eras tu raiado pelos espelhos
adentro — água estancada
sobre essa carne que não dorme,
noturnamente varrida pelo arpão do sangue.

Então nos profundos arquipélagos interiores,
onde o peregrino sonha o grande dilúvio,
eram as bocas seladas em rebarbativos nós
ante as estrelas rebentando nos fulcros
enigmáticos, alumiando essa grata opacidade
que não prescinde da aquiescência
da grande fulguração.

Cantante, por força das explosões,
era eu em deriva dolente, guiado
por quanta loucura era a razão inspiradora
que prende a pata do poeta à veemente
queimadura carcomendo estas chãs,
maturando a vida neste mar de penedias.


## 2.

E posto o sol no alto verão de irrestritos
gumes, esmaecida a sede que fora faca
todo o dia, a ressaca tremenda do escuro
esbraceja com o acinte dos maremotos
e a pulsação dos astros desorbitados.

Virá a manhã de parcas sombras
e tu não perguntarás pelas mãos
que enluvam a desmesura por esses almudes

onde se troca o negro das grainhas
pelo abalo que engendra o arco-íris.

"*Nasce-se já em pedra*" — e com que
indeclinável solidez, pelo rasgão que a cinza
amortalha, expurgada a retina da opacidade
que enxerta o negrume à pele hialina das estrelas.

E rezam de olhos húmidos esses que a manhã
avassala pelo escandir do nevoeiro,
mas aqui as preces não propiciam nem um
galho onde a reminiscência se empoleira.

Que a erva seja a morada dos teus olhos,
a eira onde divisas os erguidos esteios,
esses que um coração assombrado poliniza
quando tudo vem desfiar a ladainha da extinção
e os precários deuses se emudecem à foz desta terra
onde a cogitação amadurece e tudo é adubada
certeza acerca do que é sólido e verosímil
e requer o selo da nossa reiterada veneração.


### 3.

Estarás aí pelo dobrar dos séculos
(é raro um vulcão desaparecer),
o vento fazendo cócegas nos artelhos,
o peito desabotoado por onde o ar
circula e o observador de pássaros
se acoita calculando a probabilidade
de alguma estranha espécie levantar
voo sob o céu póstumo
pastoreando nossas frias caveiras.

Verás ruir tronos e linhagens,
a superfície mil vezes mudar-se
enrugando-se e se alisando,
as estrelas lá no alto em solilóquio
surdo, as vagas cá em baixo desenhando
fátuas interrogações sobre oceanos de areia.

Em número infinito serão os cemitérios
para os vivos, as cidades já terão trepado
pelos ares, generosamente os poetas serão
postos de quarentena longe da vista do mundo,
pois num canto monocórdico já só de ruínas
falarão (em verdade se negaram a afirmar
que a natureza conspira contra o homem),

e tu recebes a notícia da minha morte
com a indiferença própria da tua essência,
e surpreendes-te que considerem um malogro
a transformação da vida em pó, e o pulsar
do infinito e a posição dos corpos celestes
mais nobre matéria que a auréola que cumula
os teus segredos.

Mas estarás aí, força arremessada sem espelho
para se mirar, imenso mónada como intuiu
baruch, projetando-se na névoa que oculta
os corvos e esses bosques de espetros prontos
a avançar sobre o sono dos infantes,

porque penso em ti e só no pensamento és eterno,
mesmo se aquele que te pensa já for pó jogado
ao vento, porquanto ter-te olhado um dia
com a luz do pensamento é mistério
que perdura para além da vida e da sina.

**4.**

Transforma-se o amador na cousa amada.
Olhos, boca, orifícios, são as gretas deste
monte. Os leves cabelos, pedra agora
ao céu do mundo.

Aqueça-o a paz pedida numa rosa
de fumo, o esbracejar do ar que só é
naufrágio até à cintura; e a verdade
indubitável que é esta loucura
de se medir com a divindade.

Uma força viva lavra nas cavidades repletas.
O som, um tremor de teclas comutado
às costelas, à força das tenazes soldando
poro a poro, víscera a víscera, porquanto
o amador desce ao abismo de si
pelas fendas abertas no dorso telúrico.

Amada que vens ao encontro da noite
com uma coroa de astros nos braços abertos,
voz de alarme são já os cabelos desgrenhados,
mas do cabo onde nasce a poterna
és a eternidade possível, sanguínea exaltação
no peito profundo quando retorna a fala da terra
e um traço de vida brota desta pobre alquimia.

**5.**

Aqui no alto limite da terra
onde se amanha a melhor luz

e nuvens vagabundas sulcam sonhos
irrepetíveis, inquires agora dos vaticínios
de grandeza e qual a melhor água
para se lavar do sarro da vaidade.

Mas o segredo que se estende desde essas
líquidas entranhas nenhum poema o fará
brotar, inda craves os dentes sensuais
à entrada das gretas demasiado acanhadas
para o jorro desse som absoluto.

E são uns pianíssimos de inquietação
que vão subindo das bocas de fumo,
distante dessa chuva magmática
avassalando as fímbrias do destino,
e que o teu coração simples não fará
matéria de poema,

porque além da medida do que em verso
cabe e só no sentimento sobrevive.

## 6.

É em modo ereto que dou parte da partida
do regaço onde tudo é sólido e inteiro,
embora nos tropeços em que me fiz pedra
entre pedras divisei o inerme e o quebradiço
nas junturas que ora se cerram, ora se entreabrem,
dança logarítmica no palco sulfuroso onde brilhas
no afogamento do ar em teu repouso
de animal amadurecido.

Peregrino erguido sobre este chão de mistérios,
senti nos pulmões a veemência dos elementos
expelidos das crateras. Com os olhos parados
nas concavidades sondei a energia que reflui
nas torrentes de magma — então foste chama
em campo acerbo, recidiva aparição quando
já tudo era extinto sob a noite triunfante
que em sono converteu essa lúcida jubilação
de força concêntrica.

Dar um nome a tudo isto, à quimera
que a poeira ameaça, à ressaca tremenda
depois do transe, quem acaso pudesse,
me ensine em confidência honesta, embora
não possa haver bálsamo para essa febre
que devora as entranhas, para esse susto
que desdenha da pureza da arte, esconjuro
mas não bastante para o bafo que acende
o lado mais perene da inquietação.


7.

E assim dado ao coração da pedra,
à concretude que o próprio ar solidifica,
desço das alturas de névoa e seus
matizes encantados à crosta íntima
da paisagem indelével.

Valeu a pena a luz violenta
e acerada, a calma mineral respirada
nas poças sobreviventes, a sina de vaguear
na solidão das chãs, a dor de dar vida
ao que já era vida antes de mim,

pois do parto da intensidade aqui
se trata, e nenhum empenho é demasiado,
nem nos transportes em que a natureza
impenetrável se decompõe em signos
legíveis e seu eco mudando
com as sombras do crepúsculo.

Relações do visto, portanto, mas que releva
tão do íntimo que foge ao princípio
da verosimilhança, entregando-se à pura
magia onde audaz e definitiva a vida inteira
cisma, transmutada em canção de ser,

mão de amigo que faz menos íngreme
a subida, não importa se em verso apenas,
na redoma do ar da sala, sobre esta quieta mesa,
companheira das maquinações
que fazem transparente o que era opaco,
e quanto viste vindo para a morte nas alturas
quando o cálculo do futuro perfaz a soma
exata e total.

## Pórtico

Não fala esta poesia de coisa casta,
mas da vida que se gasta entre roças
que o mais percuciente sol desbasta,
igual coro dessas límpidas vozes moças

que pelo dia fora se escoiceiam, áspera
faca fabricada em dual matéria unitária:
um céu de míngua de que nada se espera,
senão sua serventia de luz calcária,

vertida não em delicada ária, mas
nesse timbre de maré tumultuária, rio
que desova por entre as brenhas

qual este verde mar da palha a que rumas
nos convalescentes dias de morrinha e frio,
pobre paraíso que agora a grés redesenhas.

**Polaroides de distintos naufrágios**

1.

Aguda na tarde
como uma refrega de janeiro
essa música desbotada
primeira lágrima nas pupilas
das mães entardecidas
golfando perene
porquanto se o tempo segrega
seu íntimo tributo
a candura assegura a labareda
amealhada entre as hastes mais
precárias que tu mesmo apodaste
de seara onde o malogro
é a menor das advertências

e assim asseverámos varões errantes
que os tons secos do capinzal
não eram prenúncio ou decreto
nem a voz varada à variante do dia
no ponto em que o estrangulamento
a faz menos que mínimo estampido

que só silêncio átomos de nada
vão na acesa correnteza da vida
atiçando a derrocada que estoura
por sobre o morro sitiado

pré-deserto
sobrepondo-se à determinação dos limites
igual sulco por rómulo lavrado
ante a nossa condição de estrangeiros à cidade
subindo na contramão
de um qualquer destino memorável
(capim barro excrementos descobrimos
 em nossos mínimos filamentos)

e assim atravessámos a jurisdição do luto
à canga do tempo inimigo
e nem é caso para a rememoração perene
porquanto a elegância de perder-se
aprendemo-la pelos alforriados arrabaldes
onde dançam os astros foragidos
lembrança só doutra deflagrada alvorada
de que não ficou traço ou sombra na retina

agora é o som duma estrangeira língua
que nos acorda para o cinzento perfil
da manhã e sua tristeza menor
ainda assim tu nunca apartaste a ilha
do teu coração essa que emerge nas tardes
lustrais e range desde a linha das marés
aos nervos ébrios à boca em chamas
estremecendo até à raiz a casa da infância

deste modo entendes o frágil equilíbrio
que povoa este vacilante anoitecer
Amparando a planta dos teus pés
e não cede à fúria arremessada desde o azul
bojo da tempestade a que traz as primícias
de um nome ao encrespado ancoradouro da vida
esse falanstério de lutas e seu viço irrevogável

fogo ou canção há de ser o prodígio
que traz a vida que o verso inventa
por tantas cicatrizes na carne agreste
adormecida entre as altas vagas louvadas
por esses estranhos cantores do desastre

## 2.

Pelas arcadas deste dia pugnas
por um pouco só de harmonia
em que a treva já não seja treva
e o corpo não reclame
e a mente não vacile

e o canto seu uso tenha
e zombadores não afiem
seu esgar que só desdenha
mesmo se o tempo a tudo derreia
e tem com ele a demora e a distância

por um pouco só de luz te alevantas
com um semblante a condizer
que se avista nos entreatos
mesmo ante a torpe maquinação
e talvez seja isso que chamais bondade

e é para onde correm as águas
da memória seu luminoso rasto
espumejando ainda muito depois
de ter passado por sob as pontes
que não vês na secura destes brejos
ou na lembrança doutro tejo

que de passagem apenas somos feitos
ó poeta
e o mundo tu próprio o disseste
é só provisório leito
por isso não enchas de angústia o peito
sobretudo não vivas a vida por defeito

mas no entreato final
esvoace o gesto liberto de haver penetrado
do mundo os recessos
que é para isso apenas que se nasce
sem palavras e sem versos
sem as triunfais orquestras
mas sonhando só esse quantum de harmonia

## 3.

Ergues-te (ou sou eu que em ti me ergo?)
nesta manhã de luz molhada,
de salvas batendo nas vidraças,
e há um país de azul vestido,

longe da consentida névoa dos desastres
em que são férteis pátrias e povos,
imensos de tristeza para a qual não é consolo

o perecível murmúrio feito do tímido restolhar,
da irreprimível ânsia do homem erguido para a vida.

Tempo de ser osso para os que da morte apenas
conhecem a ciência certa, mas para ti de pobre
humanidade para a qual emergimos com nossos
braços vazios de angústia quando só amar é sal
que tempera a crespa carne da oferenda.

É uma manhã branda, em que o cílio do sol batendo
lembra audácias doutra idade, em que por canoras
praias, desnudo, lá ias centauro à descoberta das corças
que homero divisou na orla doutro pélago.

Que não te entardeça a vida no país do engano,
mesmo que nocturno bebas as águas da promessa,
e diversamente te fazes outro nos areais do mundo
onde junho é essa dura cal dos séculos
dissolvendo-se na tua língua de liberto.


**4.**

Da solidão mais perene (a que nem
a mais vil miséria consente penetrar),
donde se levantam estremunhados corpos,
perguntas porque são assim quietas as bocas
para dizer do que mais importa — este só estar
vivo — e cousa mais alguma, quando imaginar
é já sentir além ou sobre outros céus
as destinadas vidas, sequer futuras ou gloriosas,
no silente chão das nossas tribulações.

Terrível é saber que de viver (ou não viver)
apenas se morre, e todavia os teus pulmões
recusam o halo negro que lhe injetam,
como outros se negam ao arroubo do sol
pousando nas vivas águas
e nos pátrios areais, quando ainda os havia.

Que não é de literata morte e solidão
que aqui se trata, essa reles bagagem
para os plintos da fama, sabeis pois,
como sabida é a dura terra onde sois viventes,
inda os ases do cronicar matreiro, esses que
amargos de tanto pavor à vida vos tentam
fazer crer que mais não sois que retirantes
sem esperança.

E tu, ó meu lírico envergonhado, que mais
não fazes que esconder tanta ternura por esse
povo debruço sobre o mar, verde de tão vivo,
e onde pela manhã despejamos os dejetos
do nosso humano viver,
do que não soubeste ou não creste
terá o mundo mudando por mistério,
tão fundo quanto humanas mentes podem,

mas tu irás casto e só, na bruma e na tempestade,
em viagem de descoberta, banhado em simples
humano suor (para os que te creem fino alquimista
nos salões do verbo), exatamente igual (ou ainda
mais fedorento) ao que tresandam esses vultos
sem máscaras e sem literatura
nos consentidos acasos da existência.

## 5.

De simples existir apenas somos feitos,
sem divindade ou transcendência,
senão naquele amor que nos faz ainda
mais humanos, pó de estrelas, escória
ou lama até ao derradeiro sopro,

vaga triste, ou somente impotente,
que se cava nos vácuos da vida,
soma irredimida que não a deuses
prestamos contas, senão ao que em nós
é busca da dissonante perfeição
que a nós mesmos nos devemos.

Talvez seja pouco para a sede de infinito
que em nós lavra, das quimeras anunciadas
noutros fados, convocadas no estertor em que,
clangorosas, rumorejam as vagas da última fronteira.

Por isso não são de triunfo as imagens, ou coloridos
os sonhos, e todavia há essa chama que te impele,
e que, não fora a desgraça em que caiu a palavra,
tu dirias poesia, disfarçando tão só o mindinho
sujo de investigar (dixit sena) não sei se as origens
da vida ou a calva deserta da eternidade.


## 6.

És o do dedo do meio apontado ao mundo.
O que olha com simples mortais olhos que,
humanos, se rendem ao peso do escuro.

És o que não nega que a primavera
chegará (e as restantes quimeras também),
mas simplesmente deves silenciar
tudo o que te lembre a descuidada
mocidade — as mãos na água,
a cabeça no ar, como te repete
o fantasma de mário cesariny.

És o que poda o frágil limoeiro,
pois os seus braços disseminam
a desordem, trocam impressões pela
noite quando convém escutar apenas
o ressumar das estrelas e o autoclismo
acionado por campestríssima mão.

És o que duvida e teima,
o que de kants e platões colheu
apenas as grandes perturbações
atiradas ao cosmos como fífias
que provam seres tu
o centro do universo.

És o que não está aqui
inda dentes cabelos e unhas sejam teus
— foste ao banho, tremente esqueleto
descendo pelo varal do sol
em luminosa cumplicidade
quando dispara o flash e instantâneo
tu és e não és à luz desse junho
em que todavia estás ali retratado
menino com o dedo do meio
apontado às fuças do mundo.

# 7.
*(com João Vário)*

Não te deram coroa alguma
para te medires com os da tua casta,
mas a pedra que conhece de antemão
o lugar da conveniência e aterra
sem o pavor da grandeza na funda
predestinada, posto que voracíssimo
é o ofício das parcas, e mais esteios
não dispões tu que esse sal que preserva
a intensidade com que se amanha
esse ofício ambivalente.

E sob tal teto vigias a calamidade,
pois para a continuidade não basta
o estrondo da exaltação, ó homem
dilacerado pelas indagações fatídicas,
habituada que a vida é à estreiteza
abnegada, à sua altiva orfandade,
sem o unguento do alívio ou qualquer
outro rumor reparador.

Estás só, medindo-te com a vara do teu
senso, e é deveras uma via estreitíssima
que não se abandona com a vinda
do escuro, pois muito esperaste pelas contas
do passado, pelos argutos conselhos
temperados de sagacidade; e ainda assim

só estás e continuarás no chão da semeadura,
e nada deves às sibilas imemoriais,
nem a coroa do espanto ou o favo

da coragem, que tudo é pedra talhada
com a abnegação que não prescinde da incerteza,
e para tal desígnio atravessar  nenhuma estendida
meada existe – tudo é construção no ovo
da contingência, e quem por ti, quem por ti,
ó homem em duas metades repartido?


**8.**

Vens donde medra o pouco e o agreste
do escuro que sabes germinar a leste
de ti mesmo aprendiz e mestre
do fundo esquecimento
em que tudo se há de tornar

ser seremos no ar tão breve
que aqui te veste
quando a tarde cai e o azul prescreve
e não há pranto que não cresça
neste mortal desdém celeste

embora rouca a ternura regresse
quando fenecidos canto e prece
nos falece o ardor dos anos idos
e a vida é esse eco que remanesce
no mudo ecrã já escuro e frio

mas é no sangue que anoitece
inteiramente sem um calafrio
movendo ainda em adormecido chão
o árduo sonho da perfeição

**9.**

Ameaçam fazer-te poeta da pátria,
mas tu só pensas se ainda tens mão
para a pedrada, para a bulha fraterna
nesse dia em que em estrangeira terra,
sob o busto fêmea da república,
celebram o outro, luís também como tu.

Mas tu eras das penhas onde o vento
cumula vaticínios, das manhãs imensas
aterradas à mesa da escassez,
varrendo da lembrança o eco do pesadelo,
numa despedida sem lágrima e sem ternura,
no desamparo de que é feita a literatura.

Sorte a tua, meu homónimo,
que repousas nos degraus da fama,
com o pó da pátria ainda vivente na garganta,
a boca mergulhada onde a ausência de água
forra de salitre as vozes ressumantes
às portas das tabernas.

Mas sob a fúria do mesmo inverno
quebrando nos batentes os cristais do azul,
secando nos dentes a canção do sul, é tempo
de retornar ao mais duro lancinante ofício,
esse que impele a mão através do lodo,
porquanto o que importa não é nem o nascimento
propício, ou o prazo pelas parcas concedido,
mas o sol do espanto batendo pertinaz
na boca forrada de perguntas.

## 10.

Este não sou eu
de perna engessada
num certo três de fevereiro

mas juro reconheceria
esta cara mesmo numa
aula de metafísica e lógica
em que o que mais queria
era escrever
*uns versos de fácil compreensão*

o pensativo cenho
regurgitando embora
a analítica da razão
à casa tornando pela tardinha
à filha respondendo
as inocentes questões cativas

as fogueiras do louvor
extinguem cedo
como um eco de canção
pela noite fora perdura apenas
a frialdade da criação

mas este não sou eu
embora no mesmo trajeto
o convulsivo futuro nos caia
como neve no coração

ó tu que me falas da idade do desastre
sem queixume é teu existir terrestre

embora de perna engessada
neste frio três de fevereiro

**11.**

Segues pela estrada da boa morte
(a vida voa para muito longe, dizem-te)
sem indicação precisa dos povoados
que deixaste para trás, dos pensamentos
trocados nos entreatos em que o cieiro
se suspende sobre os cimos e muito longe
vês a desfocada cabeça da amada.

Ah, sombra, que tarde partiste, certa
de que a felicidade é uma estrela míope
sobre as praias meridionais e frias
onde alvos prometeus ignoram a revanche
do sol, imbuídos da certeza de que todo
aquele que se lança à humana aventura
póstumo ulisses será, inda só nomeado
no obscuro panteão dos naufragados.

Soletrar o breu do mundo, eis o programa
para os teus pés, ó sombra, embora claros
no assombro de saberem que é do alto,
aí onde dançam os astutos legendários,
que se trocam as irrevogáveis premissas
que não obstam à catástrofe memorável,
ao pasmo solene de saberes exígua a pátria
para esse sonho agrário oculto na cabeça

quando segues pela estrada da boa-morte
e olhas as alturas lavadas em cinza e névoa,

sob as quais voltarás a ajoelhar de novo,
grato à ordem que não obriga, pois com
o vento foste livre peregrino pelas veredas
onde os nomes sangram inteireza e os homens
descem por essa corda aos estratos semeados
de obscuridade por onde tu avanças redivivo

e audaz, pois para as ciladas que houver
bastarão esses azuis que a memória segrega,
os pactos a que nunca renunciaste, as brasas
que dizem da perenidade das quimeras— esse
sopro que guia os homens entre os elos —
olvidados embora dos códigos que eximem
ao julgamento das parcas, essas que decidem do teor
da advertência, esse fraco quinhão da indulgência.

**Crematória**


Cônscios da danação da cor azul
da procissão dos grilos pelo entardecer
da marcha do sol indiferente à dialética
da plenitude
do escuro sem evasivas

uma fogueira sobre as colinas plantámos

no fumo denso sinais precursores
certificados pela haste vincada
num cemitério poeirento
entre as faldas da incandescência
pela tarde coagulada num leito de relâmpagos
vergando à passagem as patas que se elevam
muito acima da realidade

pois sucede que o tempo é uma expedição
triunfante às junturas doridas
às cartilagens rangentes
navega com incomovível celeridade
e denodo assinalável

o débil pensamento
aprecia o seu respirar puro
suas deixas que em todo o lado
são notícia
sua precisão indiferente à natureza da questão
ou ao mandamento da compaixão
porquanto o poder celeste carrega em cada grão

vejo-o pintor da inocente batalha
onde vagas poeirentas cercam o fulgor
das perfiladas margaridas
as hostes de tinta
avançando num virente suspirar
a carga sangrenta do pincel
soterrando os vestígios do último sol
esse rumor que reafirma as promessas içadas
ante a fatalidade ou o desvanecimento

porquanto perecer e caducar não negam o proveito
dos dons determinados (diz a alma do homem)
seu lume preservando a intensidade necessária
ao testemunho acerca da compaixão e da benignidade

embora para cima de infinito
o número de estropiados assinalados
enquanto sua marcha prossegue
e uma cidade se desmorona
ao som de flautas e atabaques
e a partida sucede sob braçadas de flores
sob um céu que desconhece a extensão da graça

mas a imponderabilidade das mais altas expetativas
(se não é vão o augúrio desnudado)
com propícia labareda a proclamar
para que não seja a tergiversação
a testemunhar a faca resoluta do destino

e é então com a frugalidade
sobre as nossas têmporas
que perguntamos pela floração iniludível
mas ninguém certifica tal nascimento
embora se saiba da sua infância
nas colinas onde canta a duração
da juventude assinalada entre recidivas quimeras
que os prazos não dilatam nem outra via consentem
que a órbita do declínio
eximindo porém ao julgamento da velhice
e às considerações angustiadas
acerca da felicidade e do vazio

embora insurretos o cognome de invencível
lhe atribuam e dissonantes assegurem
o seu garrote consensual
nós que a fragilidade forjamos
altivos sobre as margens do dilúvio
jamais lhe suplicaremos sentados sob os éditos
ou rodeados de sinais incomensuráveis

porquanto tudo está conforme a roda da expetativa
— o julgamento efetuado a taça disposta
a aurora a bater depois de longamente as trevas
havermos perscrutado pela barriga do infinito
ou pelos sopés onde a sagacidade é cega

pois o que nos faz brilhar é a imprescritível
solidão (essoutro nome para a singularidade
estouvada?) entre deuses que a perplexidade
finca pelos fios da variação
em verdade esse alto signo do que em nós
é resgatada aleluia despontando ao rês desta terra
aberta aos ventos de todos os temores

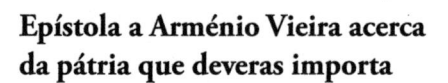

**Epístola a Arménio Vieira acerca
da pátria que deveras importa**

Pátria é coisa mental
como aqui a neve plo natal

seca notícia de jornal
morreu fulano de tal

quatro paredes caiadas a cal
mais um alpendre e um quintal

e gente mais ou menos boçal
que pla manhã te diz que tal

solerte tiro fatal
direito à parietal

mesmo que te escondas qual pardal
nalgum verde matagal

chula virgem vestal
que reclama amor total

e esconde o cu num estendal
eis a pátria tal e qual

antes abcesso sazonal
que se estirpa em hospital

ou a diurna morte matinal
nas varandas que esboroa o sal

melhor fora só coisa mental
que é o mais verdadeiro real

como a imaginária neve plo natal
no brumoso país de sol total

## Meditação sobre o país do basalto

*O meu país é o que o mar não quer*

Ruy Belo

É por certo a dor de cada dia
que faz o peso do homem sobre a terra
fá-lo irmão do fogo e das moventes nuvens
sem a apreensão
que os maus fados preconizam

oh quem pudesse de olhar posto
sobre o passado e o futuro dizer
tenho o tamanho do que vivi
para continuar bastam-me
estas mãos estes pés e estes olhos

para a gente que se espraia
sobre o chão da vida
eu tenho apenas estas pobres palavras
é pouco muito pouco
mas é nelas que enredado vivo

com seus ferros e seus gumes
e se não erro certos perfumes
que deixa a gente viva do meu país
caminhando pela vida acima
naturalmente
como quem dá os bons dias

ou ao fim da rua
sobre o basalto escuro
faz um pobre desenho a giz
não me perguntem não sei o que diz
mas com altiva doçura
transponho-o de um salto
como quem cruza
as fronteiras de um outro país

mas é aqui o meu país
canteiro corrido com ar de petiz
barro vermelho basalto negro
polidos
com cuidados de aprendiz
da mansidão
que cai sobre estes umbrais

avesso das bravias bravatas
dos que astuciosa e insidiosamente
atiçam o norte contra o sul
e erguem a língua traiçoeira
como um corrimento fétido e alucinado

mas há o bafo limpo da gente sorridente
de mãos calosas e abraço quente
há as praias de sol silente

morrendo nos batentes do dia
mas a semente da vida plantando
na cerviz do habitante
erguido sobre a pedra da matriz

e há sobretudo a promessa
que reconhece
no fulgor dos campos
entrado outubro

mesmo quando alguém lhe diz
hoje morreu um homem
de seu nome chamado luiz
não morreu porque quis
mas porque a morte meretriz
o marcara com a sua bissetriz

então a tristeza essa velha atriz
baila sobre os campos do meu país
onde não cresce a flor de lis
mas aprende a gente a ser raiz
sob o vento vício veloz
sulcando o tempo buscando a foz

é isto  sim é isto o meu país
pátria pequena
sem cláusulas minuciosas
para a servidão que lhe prometo
honradamente nas palavras
nem virtuoso nem iluminado
mas de face erguida e boné na mão
saudando a gente alevantada do meu país

**De passarem aves**
**(Sá de Miranda/J. Sena/A. Vieira)**


Por tardes ficaram,
desenho de sombras,
as aves que foram
ao tiro do escuro.

Das juras havidas,
tumultos, temores,
ficou reles cinza
na aragem fendida
pelo voo que cessou.

O justo contorno,
esboroa-o o negro,
por léguas ceifadas
pela lâmina do escuro.

Mas transparência não,
que minha vida é dual,
ilha deitada ao sol e ao vento,
onda que só por dentro rebenta.

Das aves falava, ó solidão voada,
ménage que o escuro faz o remate,
mas não finda o susto,
o árduo combate, por ti, poema,

que se meus passos
à morte não furtas,
meus tormentos de vate
como aves os abates.

**Com Dylan Thomas  
no bosque queimado**


Estás a ver estou a ver
como uma maré
de rebanhos
na encosta
razoável duração
de um pensamento
já extinto
chuva triste que tombando
ressoasse
vulnerável à voracidade
de tal estação

e é felicidade afinal
embora tu quedo
depois do sacudir da erva
puro estremecimento
tal um som de vincadas aleluias
sobrevindo
pela margem da mansuetude
com o impo coruscante

mas sossego é o que murmura
a fileira sacudida das efígies
esquartejadas por presumíveis peritos
na interpelação certeira do destino
cantando na cidade sem teto
enfumarado paraíso
tocado de inocente escuridão
e o alto fundo estertor
daquela última fábrica
expelindo lama
com a solicitude da língua
nascida para o louvor

e nós puerilmente estremecidos
desde a carne levemente atravessada
albergando a memória amplificada
do marulho eterno
do refrão resoluto
sob os desidratados dentes do sol
minúsculos e trementes
delicados os pulmões
para o ressoar da desmesura
que era o sussurro entontecido
do oceano

em todo o caso
os calcinados vestígios
eram propícia pátria para os pés
estrangeiros nós
sobre superfícies despetaladas
oh nós afastados dos remos
nos bosques queimados

logo
verde não será a última palavra
por que tu e eu nos movemos
embora extinto o fôlego
e quebradiço o ardor
o arrojo porém colhemos
como escasso fermento
para espalhar pelos dias
tal essas sementes
com que quisemos
aliviar o desalento
porque assim
melhor narramos
os partos e suplícios
de toda a humana geração

## Herbertiana

*É uma arte louca*

H. H.


Deixem-me praticar a arte insana
de amamentar as estrelas.
A arte louca de amansar as labaredas,
deixem-me praticar. Transmitindo
o milagre suspenso, água abaixo
tresmalhando-se pelos raiantes abismos
que de novo nos faziam orgulhosos
de todo o sobressalto comunicado
a velocíssimas pancadas de sangue,
a mais terrível harmonia.

Evoque-se então a mais longínqua
constelação com recrudescida demora,
o melhor fermento para essa arte
de erguer-se ante a fúria estouvada,
ou detendo-se na percutiva
perscrutação do destino.

Com dois rebarbativos olhos,
deixem-me ascender às interrogativas
alturas, onde toda a noite, entre os celestes
elementos, enumero os líquidos fios
por que de mim a mim me desencontro.

Lobo de mim, na floresta do sangue,
que me abra, pela intrepidez ressurreta,
do cocuruto às dendrites,
boca de música mudada em estalactite,
pendente da primavera que subisse
à força das fagulhas fendendo
o sono alto do mundo,

avassaladora para a porejada alma,
tal o fogo que agora ronda o sono,
agreste no desgoverno em que arde
na floresta dos mudos pressentimentos,
labareda que saindo do pensamento
é violência ou doçura circundando
a massa dos nomes em consistência escura.

Terrível mesmo é a desmesurada luz
dançando na língua por que se morre,
volvida ao começo rítmico,
ao comércio límpido com a matéria,

quando se move a mão defronte da última
música e toda a audácia se recolhe à forma
que tem o destino — oh terrível, incorrigível
palavra — de luzir a golpes duma água sombria
que procedesse do puro nome
por que se encrespa a boca de perguntas,

que movidas são o prodígio alvoroçado
diante dos grandes dias em que florescem
os nomes todos do terror.

## Mecânica poética

Voz subtil tempestade extrema
leve bruá entrando pela janela
ressoando onde a solidão teima

na manhá subindo estendida tela
cheiro bom bulindo na panela
contuso clarão que se encapela
numa erupção plena
sem moral dilema
porquanto tudo é forma
fabricando a norma
mesmo se confuso sonho
anterior à voz

luz ação como no cinema
fábula que sempre interpela
estranho sol que a solidão desvela
revoada de uma talvez inextinguível estrela
que ressurreta se movesse
revoluteando em rotação extrema
até onde em douda desabrida liberdade
com a matéria mais perene se irmana
tendo o humano anseio por sua escala
e o infinito só por sentinela

**Som da última luz**

(Ensaio foto-gráfico para
*Penumbra* de Paulo Nazolino)

**1.**

Da placidez
onde voz alguma

solerte
um som
na soleira da casa
(antiga pedreira)
raia
percutivo

contuso declínio
tinindo
mudo
como tudo

sol
ainda
que só silvo

da explosão
derradeira

ouvida solidão
revindo
num funéreo final
de quarta-feira

rodando
invisível remoinho
a essa hora
de luz indecidível

na casa
ainda em conchavo
com o estremecer
das britadeiras

semeando
suas duráveis estilhas
direitas ao sono

da casa
voando
na retina

só tinta
submetida
a essa infatigável lei

legando
alqueire de ossos
nessa vernal quarta-feira

de cinzas

## De palma sobre a pedra do destino

*(Périplo segundo com Tiofe&Vário,
do povo de Notcha e Babel, através de
imagens de Fernando Guerra)*

## 5.

Lembro-me da nossa primeira
visita, nesse transato ano,
à casa em che guevara,
chã de críquete — joão definitivamente
regressado à sua micadinaia natal;
josé de passagem após quinze anos
entre homens de costumes estrangeiros.

Ladeados pelos venerados tomos
saltitámos de tema em tema,
caminhando pela via da aferição,
mal escondendo o orgulho sem presunção.

(Tomastes-me por um louco patrício
de bruxelas, mas esclarecidas as aparências
logo volvemos ao escrutíno da grandeza
com a elegância da convicção).

E eis que te sei agora da prole
do pobre povo de notcha, esses ínvios
filhos do harmatão, irmãos na sina,
entre dois gládios plantados, porquanto
a oriente os cercam as montanhas
em seu invetivante mutismo
e a ocidente o rugido do mar imenso,
e porque também bebem da fonte
da agrura e fazem da interrogação
o seu batismo favorito.

Ah, penitência, que não conheces
do sofrimento a metade, mas entre uma
queda e outra emprestamos-te o melhor
da nossa elegância, porque estimamos
tanto estar aqui com as nossas esgarçadas
dúvidas, entre as viventes pedras
aguardando a monção benigna.

Mas se são privilégios da juventude
o ímpeto e a euforia, que dizer do teu
relato entusiasmado dessas cidades
ao norte vistas, das suas irreais mulheres
que cedo cedem à vacilação e à ruína,
às portas do escalda ou dessoutros rios,
esses propícios regaços ao carpir contínuo,
porquanto fluem suas aumentadas águas
sob a imobilidade de tantos invernos?

Ah, terra, entre a pá e o orgulho
não seja a claudicação a sentença
por que tanto aguardámos, mas um alto
destino de palavras nos seja concedido,

para que possámos redimir da afronta
e fazer justiça aos homens desta terra
com nossos juízos salgados, pois muito
tardam as contas da providência quando
é do predomínio da pena que se trata.

## 6.

E ao escrever também sobre esta tua
ilha, joão, escrevo sobre os homens
da paciência e da pá, *"esse remo
que acabou longe do sal e da aventura"*.

Como heis dito, palavras, deveras,
não acordam os mortos desta terra,
mas evocámos, com um pé sobre
o infortúnio, e o outro marchando
velocíssimo, a medida dos nossos
parcos trabalhos, comparados
à tenacidade que alardeiam
esses homens:

rindo alto (com tal candura
que os tomámos por espíritos
de um outro tempo)
afastam a taça da tristeza,
essa soma menor que a agrura,
mas que sempre retorna
como um famigerado augúrio.

É pois a improbabilidade da alegria
que aferimos nessas jeiras

onde também o sal nos olhos
é demorado desdém — levedada
ano a ano reparte-se a carestia
pelas brasas do corpo, e porventura
a mais óbvia das perguntas:
que é o homem ele mesmo, senão
o sol do mais alto testemunho?


## 7.

E em tal ano desceu o povo
desde essas *fraldas* onde escasso
o grão e o alívio postergado,

e hemos escutado
seu público alarido,
porque é do nosso foro saber
porque marcha um povo
entre vento e montanha.

Este é deveras o povo de notcha,
de ambrósio e nhu naxu,
sacudido pelo peso desas pragas
que hemos vituperado
em tanta narração.

Eis que o divisamos — os pés raspando
pacientes, porquanto a carência traz
o cuidado da verificação, mesmo ante
o tumulto que bate à soleira dos armazéns,
ou desce agora essas ruas direção do cais,
essa propícia porta à evasão.

E se uns pregam acerca da pacatez
dos homens, há fogo bastante
no viés da suas almas que não será
trocado por nenhum grão ou pelos
vários pesos por que se vendem
os anseios e as quimeras, porque
em verdade a perenidade da falta
engrossa o alto sal do testemunho.


## 13.

E falámos então
às portas do harmatão
e da reversibilidade
das interrogações faustas
e do mofino viver
da façanha que é o enternecimento
diante do agravo das tribulações

e se hoje o confessamos
lembrando ainda longamente
os tropeços da idade
é porque vendo essoutros desvalidos
nossas lamentações abandonámos
louvando a sua resoluta azáfama
diante da tibieza que é a nossa

porquanto não increpam o vento
nem solicitam uma melhor sina
mas colhem os seus vivos impos
embora sejam eles
as suas ambivalentes vítimas
sacudidas à mesa posta da periclitância
nessas ourelas onde amiúde
a tara se veste de vaticínio

e para assegurar verazmente
que o riso esconde o vitupério
de dentes escancarados
sob o sol nos deitamos
olvidados que em tal margem
nossos ossos debalde rogam
pela água da equanimidade

(é para acautelar o seu fluir
que o homem se ergue
como um melhorado caudal
e faz do basalto benzido
o esteio à ilharga da oscilação)

ah homens dos meses inúmeros
(mesmo se setembro é o ancoradouro
predileto) que não comprais
no leilão da lassidão
mas expostos às emboscadas incorrigíveis
postados diante dos maus fados
apostais na reversibilidade do destino

tal nos disse esse filho de notcha e babel

podemos melhorar sempre
o teor do testemunho
com a levedura da esperança
e a água da concomitância
mesmo se o descalabro obra
sobre o caule miúdo
e nos falta um jordão mais amplo
que a fonte onde a secura
semeia a sua vara

T

## Meditação temporã

*When dole-wallahs fuck off to the void*
*what'll t'mason carve up for their jobs?*
*The cunts who lieth 'ere wor unemployed?*

*Quando os párias forem enterrados*
*que há de o alvanel gravar-lhes na pedra?*
*Aqui jazem caralhos d'sempregados?*

Toni Harrison

Finda o ano pelo arrabalde escuro,
num outro século depois de tudo.
Ninguém canta a canção do futuro:
enxovalhos um rol, tal um farfalhudo

coro — estoiro de *boka bedju*,(**1**)
em bandos, uns cabrões do caralho,
fazendo mesmo à luz do dia o trabalho,
e que nos valha, nem rei nem relho.

Tu, bardo ao espelho, na cidade
à míngua de claridade, de nada te valem
impantes rimas se pra malignidade
lamento é todo o lume que trazem.

Ruço, mortiço sol tomba entre galhos.
A boa luz à urbe inteira falha.
Ao som di *rabesindadi* (**2**)roda a canalha.
Pesados planos têm os bandalhos.

Fenecida a fonte que a flama atiça,
quem escolho ser ou não ser?
Que satanás me cante a missa,
que terei eu inda a perder?

Podia ser apenas esse rapaz à cata de estrelas
cadentes, ou tentando ganhar a corrida aos duendes,
mas não rima brandura com viver pelas ourelas —
só te pode defender o lume que tu próprio acendes.

Finda o ano e o oráculo que augura
(uma velha televisão na saleta escura)
desunião traz como novas em brasa
aos homens vergados voltando a casa.

Num calhambeque, rangente chaço, rodo eu
e a sombra minha. Cidade profeta que o céu
não prometes, como iludir a voz da sanha
se o chumbo no lombo é diária façanha?

Tu, poeta, sobre o mundo nem o cieiro
vês, nem na alma o sol do desassossego,
que nem é busca a que te dás inteiro,
enquanto a treva no fundo é penhor que não nego,

pois eu sou aquele que cavalga com o diabo,
com o sinal dos danados tatuado na testa,
com mira certeira mortal intento levando a cabo.
Depois silêncio, e o mundo espreitando pela fresta.

Finda o ano num século outro,
logo é janeiro, nosso brumário.
Lerpados embora este e aqueloutro,
caga luzes e aleluias o mundo vário.

Cabrões de uns crentes erguem hinário,
fraternidade universal cantam resolutos.
Mas escutai-me vós que desde o cueiro astutos
sois, mesmo se vos impele o instinto gregário:

aprendei onde moram a manha e o dolo
(a isto chama o mundo precauções).
Com tino ou um ar bem tolo,
fabricai fortunas e brasões.

São bens de que se gaba a flor da nação,
seus sublimados feitos cobrindo os anais.
Porque então de danado me crismais,
por continuar a ancestral tradição?

(Vai-te foder, mais a tradição, lobo;
até rebanhos reunidos em seus cercados
são fanados por tais biltres desarvorados.
[No apodo aos velhacos nunca me afobo]).

Achas-te um gangsta da palavra, ó monco?
Que uma *pedra* te endurece por toda a vida
a alma? Preciso é nascer dum decepado tronco,
depois de à humana raiz se dar por perdida.

Finda o ano num rasgão de espada,
ninguém vence por mais forte nessa estrada:
amor pelo amor já desenganado,
ou simplesmente em seu contrário já mudado.

Tu, meu poeta da bosta,
de que valem versos a rodos
se tua arte não é para todos?
Se com empáfia retorques "gosta

quem pode", então conto-te a vida
de um mano na choça — faca nas
costas, aos magotes chamam-te q'rida,
força nas gâmbias, pois se te abanas

inda é bem pior. Até uns gordos popotas
sonham-te o cu, chanfrados da corneta,
fanchonos bem jarretas, da chupeta
fazem-te tal artista que até a porra arrotas.

Panhonhas em nome da lei lerpam-te
também a vida, c'um raio. E, enquanto
podes, finges-te o caralho de um santo,
mas se o cabrão da ocasião ao pé da ponte

se proporciona, na treva amiga, onde uns
conos se fodem, então inteiro te rendes,
tu que a funda voz do medo entendes,
mas fazes-te à vida sem freios nenhuns.

Por isso, se queres ser dos nossos,
essa arte da treta sem peias

abandona, e a porra da beleza que nas veias
te corre, e aprende a escangalhar uns ossos,

com pivete nas ventas e peçonha nos olhos.
(Isto te diz quem por sábio não é tido,
mas nas barganhas do mundo é batido,
e a vida vai levando entre trambolhos).

E tu bem sabes que te arrebita a voz do sangue
quando num beco, na treva exangue,
de caras topas com mal-encarado bando
e mortal instinto em ti vai fermentando.

Porém, pobres gatafunhos
são prodígio que nem a poeira agita,
embora sejam do humano fracasso testemunhos,
habitando a obscura fronteira da escrita.

Inda os deixes por abertas praças e batentes,
não têm a dureza desses grafitos
que te avisam "aqui na zona caem valentes;
cemitérios inteiros já povoei de malditos."

Por isso se ao Inferno(**3**) vens, outra arma
arranja: cagadas filosóficas ou o cósmico karma
não te safam o couro no jogo da malta —
quem aqui vem ou dança, ou saca, ou salta."

Então teu atávico eu exulta em desforra:
"de que te servem agora versos, ó tanso?
Saca dum belo soneto da porra
onde rimas caguete com chibanço."

Seja qual for o pretexto pra matar ou morrer,
sempre há de o sangue correr,
e tu até a brutal chacina em tinta tentas converter,
mas tudo o que se arvora em escória há de volver.

Roda o ano e no mesmo mundo de merda
acordo, renegado que a si mesmo se liberta.
Não serei esse manso que a terra herda,
mas, d'senganado, um cabrão lerparei à certa.

(Meu artista da poia, a vida não é estória,
[que sempre é colorida], se dentro grita
a falta, se o bolso é tão sem guita,
inda com tanta pinta à musa rogas glória).

Se já condão minha voz não tem,
subjuga-me a pena, canção bastarda.
Neste século, ou noutro que vem,
haverá palavras a redimir em barda,

como amantes que vêm chegado o dia,
como a faúlha de um canto novo.
("Este agora depois da derrota da poesia
uns versos de baixo astral quer dar ao povo").

Oh amado que enlaças a amada,
o vento na retina, refrega ousada,
enluva à urbe com vígil dentada,
num constante carecer da face ougada.

Por isso canta a silente luz que vem do lodo,
nos distritos esconsos, ilhas do pior apodo,
mas onde mora o denodo nas casas sem cor,
e o sangue do amigo acende límpido clamor.

Serás então entendido no alto do Inferno,
terás enfim direito ao aplauso fraterno,
porquanto no poético fingimento pulsa um som
de vida, avesso desses que nos RIPam o dom:

um cono do catano que a um brô retalhou,
sacana dum açougueiro, e à urbe pasmada
deu a provar nacos a bom preço (uma cena marada)  (4)
pra no enterro poupar do pouco que sobrou;

bacanos bem pedrados sobre tristes tumbas
infernal bulha encetando, pedrados dos carretos.(5)
Ao menos não nos fazem zabumbas,
consolam-se os mortos facetos, portas e tetos

ouvindo esboroar-se na sua casa pra todos.
Não haverá quem outros modos ensine
a esses neandertais? Que a vida não é um filme
de índios e cobóis espingardeando a rodos?

(Não são os skins do harrison, maldita escória,
garatujando nas lápides a suástica ignóbil.
Nem a luta de classes é seu motor ou móbil:
na contramão da vida olvida-os a alta história).

Finda o ano em folia, e eu cagando desdém
pròs que deus pai tem lá no além:
'nha mãe, o cabrão do meu velho também,
por quem rezo que no inferno arda, amém.

À porrada, ferocíssimo (e eu na rábula),
tentava ele mostrar-me a linha,

o enxerto descendo solene como uma parábola,
mas c'um caralho é que me entrava na pinha.

Voz de badalo, por deus, também tinha ele,
com a pinga mais chunga se fazia,
conhecia bem tal partitura, sua vibrante melodia,
por tanto a batuta me cantar na pele.

Eis porque não sou flor de finezas
(mas a trampa da poesia, por deus, que foda):
eu me esgalho bem é nas limpezas
(se bem me entendem), antes ou depois da boda,

tudo depenando a braço forte. (Isto evidencia
amor à arte). Versos gaiteiros também podia,
cagando tanta langonha, língua ao léu,
que até se peidava meu pai no céu.

(No inferno ou no céu onde, imaterial, estiverdes,
uma prece bem esgalhada erguei de joelho
pelo cabrão do bardo; e se falar inda puderdes,
a satanás rogai que o defenda da sina di *boka bedju*).

Se meu pai visse, veria não a empena
da firmeza, mas, com matizes de tristeza,
um janado à pedra agarrado (que lerpada cena),
regressando à treva antes da luz com afoiteza,

vendo na humana harmonia só estreiteza,
mas por que regeram suas vidas à beira,
entre fúria e lama, porém com inteireza,
certos de que era essa a ousadia verdadeira;

veria não esses bosques onde, viva, reentrava
a maré, mas o farol e o seminário esboroados
por tantos verões desse sol que a pele matizava
e ao mundo proclamava os dons mais sagrados.

Ele que venha com seu coro de azamboados anjos,
sagrados para mim são os meus esquemas e arranjos,
tecidos enredos com ar bem santinho,
removendo qualquer pedra no meio do caminho,

pois tantos são os sentidos, mas a morte é só uma,
farejando os ossos com os mais temíveis presságios,
na treva sublime de manhã alguma
em que se proclamasse o fim de todos os naufrágios.

Mas, um *t* mais lançado ao talhão não seria motivo
para cenas: corvo da vida, terei jazigo sob o sol,
c'um letreiro a dizer — este quando era vivo
jamais fugiu ao p'rigo. (Disto sabe o bardo mol'

que diante de severos juízes declararia extinta
a alta linhagem dos cagadores da beleza.) Quantos
mais terei de aturar antes de, com assanhada pinta,
lhes dar a bênção derradeira, nossos negregados cantos?

(Mas na rútila luz percuciente há um coro
que proclama — grande é o sol nos gomos
mais recessos. Ser fruto e espalhar-se em pomos,
eis o que somos, mesmo se o tempo é mãe do choro).

Veria o declínio das vígeis rosas numa triste terça-
-feira em que eu vagueasse por sob uma pálida
poeira que aos homens apinhasse no adro em conversa
e às minhas imprecações transformasse em aleluia cálida.

Um sino dobra na baía onde a azáfama regressa.
Redes se aprestam. Assim eu, paciente pescador
da noite, que as palavras que o bardo caga à beça,
como a dívida da nação, já também as sei de cor.

Mas se pelo legado me inquirem os pálidos
fantasmas dos meus maiores — uma choça, boa
mesmo pra lerpados; fileiras de ap'lidos esquálidos,
pobre cifra que o tempo equânime esboroa.

(Nome por nome, preferes o desse velho
mestre, borges como o teu avô materno,
finou-se eras imbele, sem tempo pra um conselho,
mas com a mãe está lá no assento eterno).

"Um ordinário sebento é que me saíste", ouço-te
de novo nessa voz de estalo. A mãe, encavacada,
não quereria outra vez a discussão danada:
"tás mas é pedrado", tu; eu: "a b'zana apanhou-te".

Tempos houve em que pelos domingos de catequese
temíamos mais a ele do que ao diabo,
personificado num gato nalguma sexta treze,
ou no nome dalgum morto odiado.

(O que vem antes da vida — recalcitrava,
já com a asa empenada — quando há milhentos,
nas cavernas, de comer e recomer apenas se tratava,
e agora querem foder-me esses f'lósofos langonhentos?).

Mortos, havia alguns da família, uma linhagem
de curtidos lobos do mar, homens do remo

e do arpão, confrades da antiga marinhagem,
a eles mais do que o cabrão do velho eu temo

quando de noite saio pra dar voz
ao baixo instinto — não há como iludir
esse temor irracional que se espraia em nós
e a prosápia do bardo langonhento faz exaurir.

Eis que regresso por misteriosas fronteiras
aos campos onde outubro augura,
mapa de tesouros restituído às brincadeiras,
instantes, tropeços, retornados em imagem pura,

a luz da mais límpida promessa guiando
entre as falhas e, à vez, o afago a preceito,
reinos distantes, reconciliados, se juntando,
o oculto e o singular irmanando em nosso peito.

Escuta os gemidos do velho manel di txipa,
aqui em frente à baía d'sapar'cido.
Que lhe valesse, nem o caralho duma ripa;
jaz entre pelágicos peixes, mas não 'squecido.

Safou-se o moço xuáti, com muita água
embora pela goela. Das promessas que fez,
'squeceu-se quando da temida tábua
se viu safo, mas consta que nunca foi má rês.

Outros vinham nas grandes cheias parar
ao mar, camponeses que desconheciam a força
da corrente, deixando chusma de filhos a penar,
como eu peno agora nessa vida que pouco orça.

Mas dai-me um machado e serei a voz
da força, estandarte do que vive em disputa.
Afinal há dentro de mim um animal feroz,
nada dado às pieguices de um bardo— escuta.

À velha escola onde até a pedra é arguta
regresso agora pra rever, num voo fugaz,
o pátio onde se endurecia ao calor da luta,
ou, em quietude, se aprendia a ser audaz.

Concedo, são imagens ambivalentes
se com a dextra mão seguro a fusca hostil,
e mesmo entre dentes largo apodos veementes
a quem me crisma de escória vil,

epítetos suportando bem mais de mil,
'té um estrangeiro que a malta acha baril,
menos quando no caixão vai um mano,
sarrafado pelo cabrão de um cano.

Façanhas dessas veem-se praì aos centos
pela orla do burgo onde o mundo castigo,
por isso não vertei por mim nenhuns lamentos,
que a cada sombra carimbo logo — inimigo.

Mas sereno cordeiro era nas tardes de domingo,
a banda ao longe, no batente a bênção,
agora se por um beco alguém se afoita é "bingo",
e nem por vias tortas penso na redenção.

Amigo é quem te avisa — não desafies
o escuro breu, põe-te a milhas, evita o cerco,
em caras inocentes não confies,
por baixo da máscara vive um monstro secreto

que só escuta a ordem de "vida ou morte",
que até empedernece ao coração mais moço,
que pra tanto mal viver ninguém é forte,
e o retorno dos antigos dons é voz que não ouço,

mesmo se o mapa da antiga casa
trago no bolso, e por vezes uma maré
de melancólicos sentimentos me refreia a asa,
mas verter o sangue é agora a minha fé.

Trinta verões de fome talvez não fossem
tempo bastante pra matar a besta
que germinava em ti, mas ao humano cem
ou cinco dias fazem lerpado ao fim da festa.

Gratas memórias, onde andais agora?
Velhos manes, que lume vos aquece —
floresta de fantasmas que a noite arvora,
ou, de rosto tapado, a chusma que não perece?

Ruas por onde andasse guardam jacentes
imagens, verdes vidas de outrora que o giz
assinalava na loisa, mas amigos e parentes
não reconheço, nem que o filme rodasse em bis.

Alguém sussurra que meu nome já não
condiz com a jovem carantonha estampada
no álbum das glórias inexistentes. À mão,
apenas embaraçantes feitos, uma vida lerpada.

(Escavai vós os veios que ligam ao passado;
eu já nem fumo ou lume nos ossos auguro:

frialdade apenas mora em meu corpo pedrado.
Sei-o agora— não chegarei a fruto maduro:

a escandir várzeas que sonho algum
poliniza, é a cinza a prover o futuro,
em silenciosa cremação, sem um zunzum,
que ao humano veda o dom mais puro.)

Aos tombos pelos combros roda quem
não subiu ao topo. Na raiz não está
o dolo, mas a sina e seu vaivém,
procissão que sempre ao ponto chegará,

com seus rútilos e seus rotos, desirmanados
ou unidos, em desdém ou comovidos, e eu com
a astúcia bastante pra lerpar aos engalanados,
rosto tapado, fazendo da afoiteza divino dom.

Quem se ri agora acoitado pelo negrume?
Não vós que seguis pra casa do senhor,
ovelhas que não pouparei ao gume,
que vos ensino a glória do universal amor.

Lar — não tenho nenhum pra onde voltar.
Fixas, as estrelas são brasas que não aquecem.
Como à erva alta — ninguém me vem aparar.
Mesmo a rajada — seria afago que me dessem.

Num talhão sobre o mar eu hei de repousar,
com 'nha mãe e a restante ascendência.
Pra no dia de finados me vir visitar,
não deixarei um caralho de descendência.

Partir, diz a treva que já engole a pouca luz.
Pelo poente agitando os negros estandartes,
para os ofícios da noite, coberto pelo capuz,
enquanto tu, bardo, na mais mofina das artes

mergulhas. E, quando já versos aos magotes
tiveres, na tua torre sobranceira à grei,
no vão do escuro, fantasma aos pinotes,
lançando langonha, sobre tanta arte cuspirei,

pois o que pode a merda da poesia, esta arte
mais lerpada? Só a dura imprecação
há de alvoroçar a cidade, a que não parte
quando escurece, receosa do poder da minha mão.

Que almas amofinadas não encontro na minha
lida quando a hora é de dolos—
caras lerpadas agora, mas por quem vinha
ao coro e à catequese com o resto dos outros tolos.

Que justiça lhes podem conceder esses que às avessas
têm o mundo, mas na grelha dos danados o apodo
que me enche de orgulho assinam, como tu essas
garatujas lerpas que hei de lançar às presas por engodo?

Eles não são justos, pois também praticam
a iniquidade. Eles não são puros, pois
pelas trevas pelo quinhão suspiram.
Proxenetas da vida, eis o que sois.

Escarnecendo vi as vossas fronhas de barrabás
de quem justo não era, mas bandido vil. Os vossos
togados juízos escutarei sem quaisquer remorsos,
pois o sagrado mandamento "não julgarás",

também violastes. (C'um caralho, um *t*
não fala assim. Não tem juízo o poeta
peneirento; em seu templo escuro e só crê
que a vida tem por vão verso a sua meta).

Mas pra Bombena(**6**) irei sem pena,
cumprir a pena só com este remorso:
não ter lerpado mais uns cabrões, cena
que eu fazia com alto astral, sem nenhum esforço.

Bardamerda pra pateta da poesia,
ela que cante um mundo sem dor,
uma na tromba lhe mando que até a fodia,
cobrindo-lhe as fuças da mais sangrenta cor,

pois se olho para trás vejo restos secos,
motes que o tempo esboroou em cheio,
merdas que o bardo julga serem grecos
pensamentos, cegueta que não acerta um veio.

Desgraçado do que tem de levar a vida
a braço forte, ou pensar em coisas
como o pão e o feijão, enquanto em nutrida
metáfora pensa o bardo no epitáfio para as loisas:

"diletos filhos", "esposo amantíssimo",
bla, bla, bla, que o tempo há de engolir,
enquanto eu, a spray, batizo de "cabroníssimo"
a todo esse pó que o bom do bardo há de parir.

Não "*dou à palavra altas aspirações*".
Sirvo-me delas para alguns combates

menores, como zombar dos cabrões dos BAC's.(7)
Potenciar a treta das sadias emoções,

essa é tarefa dos novos e velhos vendilhões
nos templos que agora são mais que talhões,
arengando em brutais decibéis, ébrios *palavrólicos*
que teimam em crismar meus feitos de diabólicos.

Mas eu, em desigual combate, levo à certa
os velhos charlatões, com pinta de craque
(nada da mofina da poesia, essa lerpa,
que não sabe que a melhor defesa é o ataque):

o som da luz que finda dá-me o justo mote.
Claques oiço reunidas em singular arreganho,
agudas imprecações martelando em devoluto lote.
O seu assanhado ímpeto, num raio, eu ganho.

"Não seremos carne prò canhão. Ao chão
iremos, mas só pra lamber o sangue dalgum chacal.
Fileiras de façanhudos ao raio do portão,
que há de ser tremendo o safanão final.

Reza, cabrão fementido, faz o sinal da cruz,
langonhentos versos segura contra o peito,
a hora é dos rotos e nus,
dos que a cidade não rende preito.

Foge pra arcada, que vem aí borrasca;
agarra à sebenta, cagado dum jogral;
pé na tábua pra mansarda, papagaio à rasca;
o spray e o calão mostram-te o verdadeiro original.

Pra noite, pra noite avançar de rojo.
Limpar, e bem, todo o ano e ainda hoje.
Quem diz entre dentes que nosso nome é nojo
sabe que aqui mora aquele que nunca foge."

A noite sagrada guarda o nosso interdito nome,
pois é para o seu âmago que retornamos sempre.
(Sabem lá os filósofos a cor da fome,
eles que de palavras caras têm enchido o ventre).

Finda o ano e eu à *pedra*,
que som mais lerpa oiço bombar.
Aqui na área poesia não medra
— a onda, ó zarolho, é b'zanar.

Altos guardiões da nação fanam sem dó
a honra dum cabrão, mas bastará pra charme
não o nome na lombada que há de virar pó,
apenas o título que arvoro semeando o alarme.

"Cercados", — nós ou eles? (Até já cansa o bardo
bezanento fazendo rima com "lerpados").
Só aturar fiteiras fronhas, um fardo,
mas no fim serão crismados de "cagados",

com tanto ardor como nas missas de domingo,
em que o coro alto trinava com santa sanha,
até que, num esmaecido sol, o canto se dá por findo
e a multidão regressa às suas vidas de dolo e manha.

Mas, por deus, eram sagrados filhos do senhor,
tinham uma alma que eu já sabia imortal,
pela minha desce apenas este inquinado travor,
por isso desgraçado que alcanço é barrela fatal.

Dai-lhes, senhor, o conforto depois da caça,
ensinai-lhes o caminho longe de um rei da lança,
ó patos que cagais sentença nesta praça,
desgraçado sou eu que vos encho a pança.

Que laços me ligam ainda à vida de outrora
onde meu eu se compadecia? Ao disparar,
é como enxada que lançasse, em boa hora,
ao solo pedregoso ainda por arar.

E, ao colher os frutos de tal safra, ergo
os olhos ao céu, não pra assinalar o fim da ação,
mas pra incitar, até onde seus fuscos vultos enxergo,
aos comuns irmãos humanos nesta vida de danação,

mesmo se piquetes, num cinematográfico trailer,
irrompem ferozes pelas fronteiras onde os deserdados
da nação janam. Lema meu não é só esconjurá-los a valer,
mas mandá-los direitinhos pra companhia dos lerpados.

A luz, vacilando, extingue-se na encosta rústica.
A voz do meu pai escuto ainda, tal sino em refrão.
"Cala-me, satanás, essa maldita música,
que a ti também, rabicho, te mando prò caixão".

Amor, ou o caralho de um sonho,
em que beco encontrarei com este bélico
bramir, um desconcerto medonho,
sob o aplauso facínora, sem nada de angélico

pra iludir a fama? Porém, se o que acalma
o anseio é a promessa, um só som farei soar,

o ar límpido transportá-lo-á como uma palma,
pelo vão escuro onde com a danada irei dançar,

como carcaças em união, valsando aos repelões
sobre o abismo, com passos tortos, escorados
por séculos de podridão e lixo, emanações
que até aos mortos fazem magotes de esgazeados.

Por isso eu não temo os que lá em baixo jazem
pelo talhão — a roda da vida tem destino
sabido e, pétala a pétala, ou a rodos, trazem
os anos a flor do fim, conjuração que assino.

Mas não sabe a flor que o árido estio
é mais propício ao florir lutuoso —
nas planuras irrompe, cabeleiras em brio,
à vez aguardando a hora do repouso.

Por isso rosas não sonharei prò pé de mim
— com a tarde tombando, estarei de atalaia
pelo arrabalde assolado, entre o alto capim,
com silente destreza e escondida alfaia.

Prodigiosa adaptação — endurecem os braços
que já foram condão. Numa impaciência contida,
fenecido o juvenil alvoroço, assinalados traços
no limite do campo são o sinal pra batida.

Rua antes do céu não é ainda aqui,
fuscos anjos cantam-te a aleluia negra,
pedrados querubins varejando em redor de ti,
"não fugirás", gritam, "é a nossa única regra".

Roda o ano e na trincheira um mano,
cônscio de que toda a terra é chão minado.
Horda de um só, uma legião do catano,
ao breu do mundo segue, d'salinhado.

Vejo as notícias do dia com frio
na espinha e mão no gatilho.
Ouço que exércitos vêm marchando em desafio
e negra cena antecipo, com nítido brilho —

comparsas quilhados, e eu na fila prò talhão,
pousio danado. O que nos liga, laço apertado,
é a atávica necessidade, incomovível razão
que ao vivente traz sempre rilhado,

não deixando ver da grande estação
o fulgor de que nunca se cansa a visão,
e onde o amado e a amada se esquecem,
enlevados, do tempo soberano em seu desdém.

Mas, c'um cabrões, aviso, não hei de ser
eu o lerpado na bisca a que chamam
vida. Leitor que na tv o vasto mundo vês encolher,
e sintonizas sempre o canal onde os contrários se amam,

reconciliados, como no céu, na cidade morta pela mão
do breu não mora mais a flor da candura,
desenhando no coração da alvura a palavra irmão:
a noite é agora grade na alma, dormir em agrura;

batalha engalfinhada, bando contra bando,
ou nós e eles contra os dos bairros elegantes.
Pelo domingo do senhor estratos se chocando,
escutando o *sanctus* bolçam injúrias tonitruantes.

Ali onde havia uma horta bem mimada
somam-se agora cenas de emboscada.
Fenecida a rosa lá onde brotou uma cruz,
*"respect"* é a homenagem dos bandos de capuz.

Mas sabemos o que respeito quer dizer na boca
de tais artistas — com a luz do dia a fenecer
assomam, sob o lusco-fusco que os desfoca,
grafitos molestos deixando como velas a arder.

Entregando-me à palavra refinada,
a quem defendo? Por que raio inda poesia,
pois embora o sol vá nascendo a cada
dia a claridade é agora mais sombria,

e eu já não sou quem por esta rua
subia, e ao pão madrugada inda vinha,
pelo passeio, pelo beco, de alma nua,
espreitando pelas portadas abertas da vizinha,

não temendo nem de platão a sentença,
nem o branco da página, terror de tanto
bardo — só estes broncos de má querença
me amarfanham a límpida raiz do canto.

Eventualmente, entre mim e o mundo a linha
é agora mais agreste, involuntário vigia de muralhas,
testemunhando cercos, retiradas, represálias,
embora fraternidade o que em mente tinha.

(Eu quis crer na compaixão universal,
no humano amor enfatizado;
afinal aqui na terra só tinhas outro igual:
o morto singular pelo tempo também lerpado).

Concordantes, a fúria e a falta,
unidas ambas, forjam o teu brasão.
Mensageiro da má-nova, o mundo salta
ante o teu nome, mas a tudo rechaças c'um tesão

brutal, pois fenecidos vês os brasões daqueles
que se quilharam, tal tombada árvore
sob o vendaval — velhos podridos, imbeles
cabrões, a todos amaldiças num tom alarve.

Impurezas de passadas vidas, lerpas-te
pra bondade e prò perdão: bang, bang,
cai o cabrão, e tu zarpas-te
com a feroz fleuma do que já provou o sangue.

("Topam-me este otário cagando insossos
versos à tola dum *t*? Melhor pegasse
duma goiva e uns tantos noiados ripasse
e as carcaças deitasse à escuridão dos poços").

A fúria é a minha noiva, cordel
que me alcandora ao céu da vida louca,
sem notarial licença, padrinho ou bedel,
os eriçados cabelos desbordando a touca,

ao vento do mundo rabuja altiva e rouca.
Flor danada que ao mol' bardo arrepia,
bolçando langonha, pelo bocal apouca:
"morram os panhonhas mais a poesia".

Finda o ano plo arrabalde escuro,
num século depois de todo o futuro.
Pra balada, pra balada meu caralho,
ou será que do tesão também és falho?

As vozes dos poetas, sabemo-lo, ressequidas
estão, atrofiaram-se sob o pó da d'silusão.
O tempo requer agora mais cruas batidas,
goelas furiosas escarnecendo "agora, cabrão?",

gastas que estão as antigas trovas, sem dano
algum pròs que nos mantêm sob o ferrete,
e se revezam, duro piquete, c'um maligno plano
secando a fonte do fervor e do deleite,

vampiros a quem o sangue não custa,
conspurcando numa congregação sem brado
até a límpida pátria com que sonho — solo sagrado,
é onde um homem finca a raiz da sua busca,

mesmo se a voz contrafeita dum cabrão
agarrado ao rimar até do salutar e bom feijão
(que muito aviou em miúdo) com a sordidez da treta,
diversos que são como a foda e a punheta.

(Fodam-se pátrias hinos bandeiras,
eu sou a fonte do meu viver,
soberano de um reino a haver
reconquistado a cada crepúsculo nas fronteiras).

Finda o ano, e por de novo se impor a lei da casta,
ao fulgor que avança sou esquivo vulto.
Mas se a boca à banda é o brasão que basta,
nem o retrato beijarei ao senhor do indulto.

D'senganado da beleza, ao talhão joga
os velhos versos triunfais. Roda agora pra lombada
que o teu nome ostenta e, por cima, grafa "cagada".
Os dós de um mundo hostil, como uma roga,

hás de ouvir emergir então, rasgão que faz
aluir o solo onde unidos, em eternal união,
jazem dinastias de danados c'os ossos em paz,
longe da furiosa inspiração dalgum cabrão.

Mas aleluia, aleluia, cantam uns cabrestos,
misturando-se à voz do vate inda
desperto — sei como tal ramboia finda:
cornos ao gin e à vodka, já nem da língua lestos.

Por isso, minha carcaça, põe-te ao largo,
foge da arena, pra minha dama,
que as toleimas dos bardos põem-me de cama,
e rabujos, uns quantos, tenho a meu cargo:

uns marados da mona, simples filhos da cona,
langonhentos anjos da nhana, borregados
nas alfurjas, batendo, a um sol de danados,
a sorna, enquanto o mano se faz à jorna.

Finda a farra e o mundo arde em b'zana.
O que sacaste, ó mono, da labuta insana?
Prò beco, pra ronda, pra caça,
pra treva amiga, que é sol da trapaça;

pra onde todo o ermo é boa estrada
e teu recalcado eu rabuja "cachaporrada,
revolução, foda-se a *poeisia*, fogo à canalha,
uma bela façanha que ao mundo se espalha."

O caralho — rebimba o bardo; sem conveniente
navalha, a puta da beleza dá bem mais trabalho,
e no fim uns "*ohs*", quando calha, faúlha impotente,
menos que o suspiro do chispe na montra do talho.

Eu indigno de nota, engendrado em ribanceira,
só cicatrizes amealhei em tormentosa esbulha,
fintando a grande velhaca postada na ombreira,
eis a razão de ser tão teso como a carbonosa hulha,

que é veio que com vagar se compacta
nas profundas sem sol, num endurecer ermal,
até que o humano denodo o destapa
com rangente explosão fatal.

Porém se de rosto sobre o porto, quando a sós
sabes o que é estar vivo, recorda este
que o cabrão de um vate deu voz:
era, como tu, um homem; era gente e não peste.

Se de pé sobre o batente, ou estoirado
dalgum cerco, lembra-te que és semente ao talhão
lançado, um elo somente da criação,
que antes de ti tanto ruim ramo foi end'reitado.

Langonha, pivete, crismo-te eu enfim
(é a atávica voz que regressa),
lerpo-te eu, cabrão, e não tu a mim.
Isto recorda a cada ano que começa:

à insubmissa voz não há quem a cale,
inda todo o som do mundo se apague,
a poética fúria é chumbo bastante
nas trincheiras deste ofício cantante.

Que lerpa dum espantalho falante,
ó pato que te encomendo a missa,
minh'arte vai sempre mais adiante
(dif'rente da do bardo que o nada viça,

langonhando a b'leza que a ninguém salva)
e nem a puta da inspiração a enguiça.
Amotinado, serei labareda que a falta atiça,
assarapantando até do deus a impoluta calva.

Leitor que até aqui assististe à desgarrada
entre tais dois que a desfortuna fez familiar,
não esperes, da vida à arte, aliança juramentada:
roda o ano mas subsiste a dissonância milenar;

irmaná-las à maneira será fútil empreitada —
a spray, ou plo pregão de um já perdido brilho,
grafitos ou versos dalguma alma penada
proclamam tal discordância em alto estribilho.

Intrépida batalha ensimesmada, ou melancólico libelo
pelo humano, é sempre desafio que o mundo apouca.
Mas se aqui estás, mesmo entre a merda, é pra vencê-lo,
sem causa outra, que estar vivo (e dizê-lo) não é arte pouca.

## Notas ao poema "T"

**T** – As duas vozes performativas do poema. T, de thug, ou T de Tapoé, inversão da palavra poeta, cunhada por Oswaldo Osório no livro *Clar(a)idade Assombrada*. Há zonas do poema em que as falas são, propositadamente, indiscerníveis, podendo ser atribuídas a um ou outro T. Há ainda uma terceira voz, uma espécie de narrador.

**1.** *Boka bedju*: arma de fogo de fabrico artesanal que os bandos delinquentes, auto-denominados *thugs*, usam quer nas disputas entre si, quer nos assaltos na via pública, o celebérrimo *kasu-bodi*; corruptela de "cash or body".

**2.** *Rabesindadi*: tropelia, maldade. Título de um álbum e duma canção do celebrado agrupamento musical *Finason*.

**3.** *Inferno*: bairro ostracizado da cidade da Praia, contíguo à Terra-Branca. Foi rebatizado Alto da Glória.

**4.** *Estrofe 35*: referência a uma situação ocorrida no ano de 2013, no bairro de Santaninha, cidade da Praia, em que um individuo conhecido por Zezinho Catana matou, desmembrou e vendeu a carne e as vísceras de um amigo que o acolheu em sua casa, enterrando depois o que sobrou.

**5.** *Estrofe 36*: situação ocorrida há poucos anos no cemitério da Várzea, cidade da Praia, durante o funeral de um elemento integrante de um desses bandos auto-denominados *thugs*. Enquanto decorria o enterro, um outro bando invadiu o cemitério, tendo os dois se enfrentado com tudo o que havia à mão: armas, cruzes arrancadas aos talhões, jarras com flores, etc.

**6.** *Bombena* : localidade onde fica situada a cadeia central da Praia; nome usado metaforicamente para prisão.

**7.** *BAC's*: brigada anticrime da polícia nacional de Cabo Verde; nome por que são conhecidos os agentes dessa força.

# Obras e prêmios do autor

José Luiz Tavares publicou: *Paraíso apagado por um trovão* (2003); *Agreste matéria mundo* (2004); *Lisbon blues* seguido de *Desarmonia* (2008); *Cabotagem & ressaca* (2008); *Cidade do mais antigo nome* (2009); *Coração de lava* (2014).

Recebeu os seguintes prêmios: Prêmio Revelação Cesário Verde, CMO 1999; Prêmio Mário António de poesia, Fundação Calouste Gulbenkian (2004); Prêmio Jorge Barbosa, da Associação de Escritores Caboverdeanos (2006); Prêmio Pedro Cardoso, Ministério da Cultura de Cabo Verde (2009); Prêmio Cidade de Ourense (Espanha, 2010). Por três vezes consecutivas, 2008, 2009, 2010, recebeu o Prêmio Literatura para Todos do Ministério da Educação do Brasil. Foi ainda finalista do Prêmio ibero-americano Correntes d'escritas/Casino da Póvoa (2005). O seu único livro publicado no Brasil, nesta mesma editora, foi semifinalista do Prêmio Portugal Telecom de Literatura (Brasil, 2009).

Impresso em São Paulo, SP, em fevereiro de 2016,
com miolo em off-set 75 g/m², 
nas oficinas da Arvato Bertelsmann.
Composto em Avenir Next Regular, corpo 10 pt.

Não encontrando esta obra em livrarias,
solicite-a diretamente à editora.

**Escrituras Editora e Distribuidora de Livros Ltda.**
Rua Maestro Callia, 123 – Vila Mariana
São Paulo, SP – 04012-100
Tel.: (11) 5904-4499 – Fax: (11) 5904-4495
escrituras@escrituras.com.br
vendas@escrituras.com.br
imprensa@escrituras.com.br
www.escrituras.com.br